讲给孩子的

妙趣中国史 ❻

姜天一 著

天津出版传媒集团

天津人民出版社

第 12 章

各凭手段的五代十国

139 唐和宋隔着谁？

各位同学，大家好，我就是那个人见人爱、花见花开、车见车爆胎的姜 sir。

大家好，我就是那个负责问问题的小 Q 同学。

姜 sir：说起中国历史的朝代，很多人都爱说唐宋元明清。宋朝和唐朝是紧挨着的两个朝代吗？

小 Q：应该不是吧，唐朝在结束的时候，感觉应该是个乱世。

姜 sir：其实唐宋中间还隔着一个时期——五代十国。五代十国是两个词，五代和十国。五代是指梁、唐、晋、汉、周五代，它们是一个取代一个的，并不是同时存在的。

小 Q：又是接力棒，但这五个国号原来都用过了，后人会不会混淆啊？

姜sir：由于这五个国号之前都使用过，为了区别，所以史书上称为后梁、后唐、后晋、后汉、后周。而这接力棒的五代主要是存在于北方，是当时的正统政权。

小Q：那十国呢？

姜sir：十国主要是中原地区之外的政权，大多数都存在于南方，是一起存在的，况且十国只是个虚数，并不止十个。

小Q：我明白了，就像一朵花，中间花蕊是五代，一棒传一棒，旁边花瓣是十国。

姜sir：所以五代十国也是一个乱世。五代十国的开创者就是朱温，他在907年篡位，建立了梁国，也就是五代里面的后梁，定都开封。当时有些藩镇只是表面上同意朱温当皇帝，但根本不听管，自己的藩镇就是独立王国。还有几个根本就不承认朱温的后梁，认为唐朝才是正统。

小Q：还是藩镇割据的局面。

姜sir：后梁在第三个皇帝的时候被当时另一个政权唐给灭了。唐取代了梁。

小Q：这个好巧啊，朱温灭了唐，他的后代又被唐给灭了。

姜sir：这个唐和唐朝不一样，是少数民族沙陀族建立的，灭了后梁，他们认为自己是唐朝的后代，所以使用的国号也是唐。

小Q：少数民族怎么还认为自己是唐朝的后代呢？

姜sir：因为他们的祖先曾经立过功，唐朝皇帝赐国姓"李"给他们，所以人家就姓李。

小Q：那还能说得过去。

姜sir：后唐之后就是后晋，后晋的皇帝石敬瑭本身是后唐的一个节度使，为了当皇帝，联合了少数民族契丹，在契丹的帮助下取代了后唐，当上了皇帝，但也送出了重要的一片地区，就是幽云十六州，也叫燕云十六州。后来的宋朝一直想把这块土地抢回来，但都没有成功。

小Q：太可气了，为了自己当皇帝，把祖国的土地送出去，幽云十六州在哪儿啊？

姜sir：主要是在今天的北京、天津北部、山西北部和河北北部地区。幽云十六州所处的地方，正好是长城地带，这一地区长城和地势险要的太行山山脉的北部以及燕山山脉相互依托，构成了坚固的防御屏障。对于中原王朝来说，控制了这里，就可以很好地防御北方游牧民族政权。说白了，幽云十六州就是中原王朝的门户。

小Q：我更生气了，这后晋等于把自己家的城墙送给别人了。

姜sir：为了让契丹帮助自己，不但把幽云十六州给了契丹，还每年送布帛30万匹。后晋皇帝甚至管契丹的首领叫爸爸，还以儿国自称，这才获得了契丹的支持。

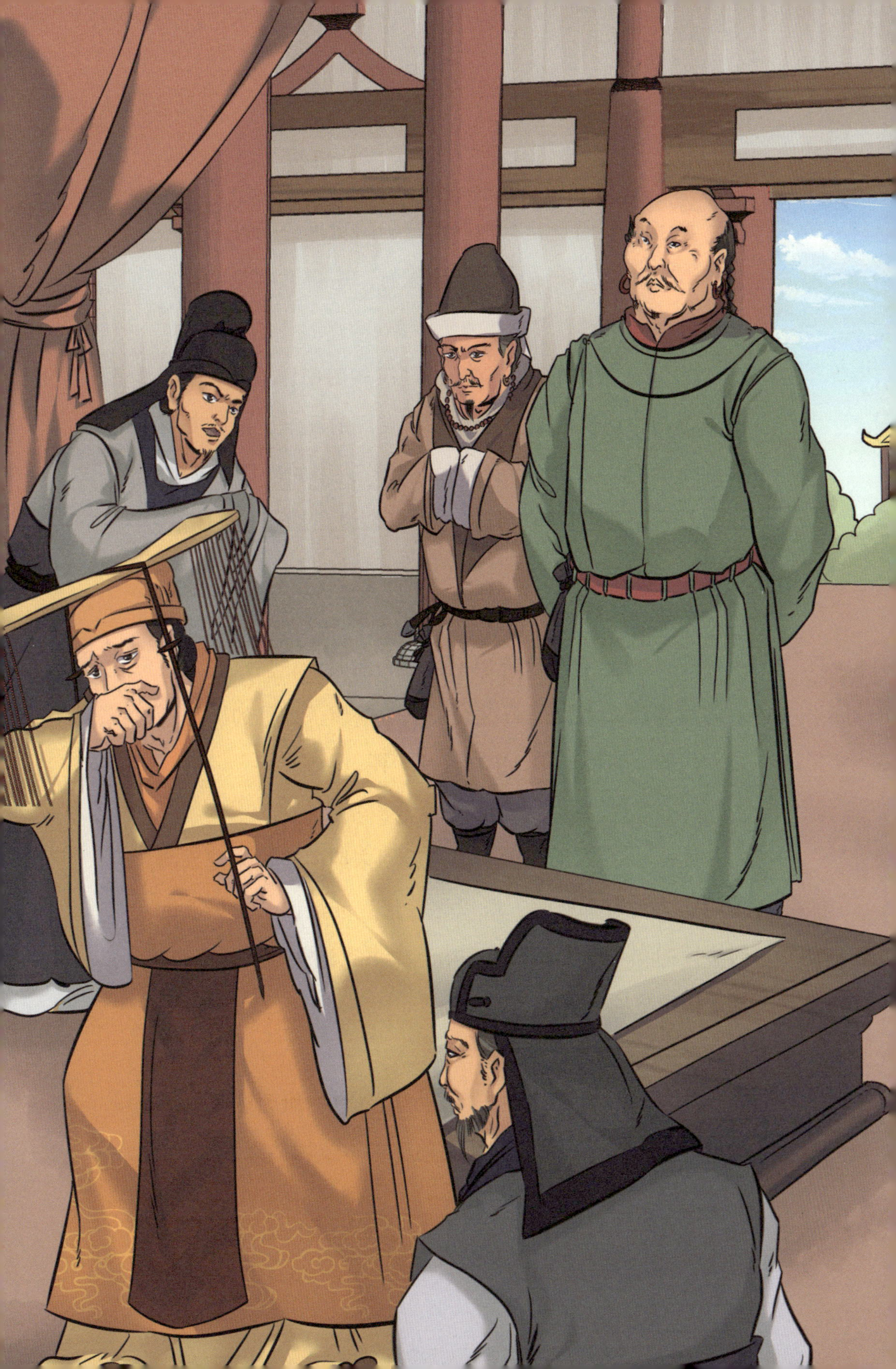

小Q：赶紧告诉我后晋是怎么被灭的！

姜sir：后晋就是被他叫作爸爸的契丹给灭的。

小Q：这个结局还是挺解气的，这接力棒怎么中间还断了呢，这不相当于契丹成为统治者了吗？

姜sir：当时的契丹哪会治理汉族的中原地区，契丹士兵四处抢劫，这可激起了当时中原人民的反抗，反抗契丹的义兵到处都是，人少的就用游击战偷袭，人多的就直接进攻城池。三个月后，契丹首领就找了个借口，说开封天太热住不习惯，撤退了。

小Q：想统治我中原地区，门儿都没有。

姜sir：趁着契丹统治不得民心的时候，后汉建立了。之后的后周建立者也是后汉的手下，推翻了自己的上级，这就是五代的一棒传一棒，中间还掉一棒。

小Q：十国也是唐朝藩镇变成的吧？

姜sir：当时的十国主要是唐朝末期的藩镇演变来的，但他们实力没有那么强，所以你五代爱谁是谁，我都承认。同时十国的知名度不如五代，毕竟史书上记载五代历史的较多，而十国历史的大多是一带而过。

小Q：还真是一段乱世。

姜sir：汉朝结束的三国是一段乱世，唐朝结束也是一段乱世，而三国是因为罗贯中写的一部《三国演义》，让这段历史家喻户晓，但其实罗贯中也给五代十国写过小说，叫《残唐五代史演义》，只不过没火。

小 Q：那最后怎么统一的呢？

姜 sir：在统一之前，就得提到一个人了，甚至有人说，他为宋朝打下了基础。他是谁呢？为什么被称为"五代十国第一明君"呢？我们下节见。

140 五代十国第一明君

姜 sir：各位同学，大家好，我就是那个人见人爱、花见花开、车见车爆胎的姜 sir。

大家好，我就是那个负责问问题的小 Q 同学。

姜 sir：在五代十国这样的动乱黑暗的年代，曾经有这样一位准备结束乱世的好皇帝，被后世的史学家们称为"五代十国第一明君"，他就是后周的皇帝柴荣。

小 Q：他是开国皇帝吗？

姜 sir：后周的开国皇帝是郭威，郭威原本是后汉的大臣，但后汉的皇帝听信身边奸臣的挑拨，不相信郭威，甚至在郭威外出打仗的时候，命人直接出去暗杀郭威。

小 Q：所以郭威就谋反，推翻了后汉。

姜 sir：但郭威的儿子都被后汉的皇帝给杀了，所以郭威就把皇位给了柴荣。

小Q： 他俩姓也不一样啊，是什么关系呢？

姜sir： 郭威是柴荣的姑父，后来收了柴荣当义子。而柴荣当上皇帝的第一件事就是打了一仗。当时北汉和辽国联手，号称10万人，直奔中原。这个时候柴荣刚刚当上皇帝，皇位还没有完全稳定，朝中的大臣对这位新上任的皇帝还不是十分效忠。

小Q： 那这场仗可不能打输了，打输了皇位更不稳了。

姜sir： 柴荣决定御驾亲征，让朝中的大臣看看自己的实力，最终大获全胜，不仅打败了敌人，还缴获了很多战利品。打完胜仗后，柴荣开始整顿军队，对于在战场上逃跑、不敢冲锋的将军，该杀的杀，该换的换。那些勇猛上前的，提拔奖励，其中就提拔了一位将领，叫赵匡胤。

小Q： 赵匡胤不就是后来宋朝的开国皇帝嘛，原来曾经是柴荣的属下啊。

姜sir： 同时柴荣制定了先南后北、先易后难的顺序，开始准备让天下统一，他立下了30年愿望："以十年开拓天下，十年养百姓，十年致太平。"

小Q： 好皇帝，心中想着天下，想着百姓。

姜sir： 柴荣非常关心老百姓过得好不好，并采取了很多恢复和发展经济的措施，同时大力整顿贪污，对于贪污的官

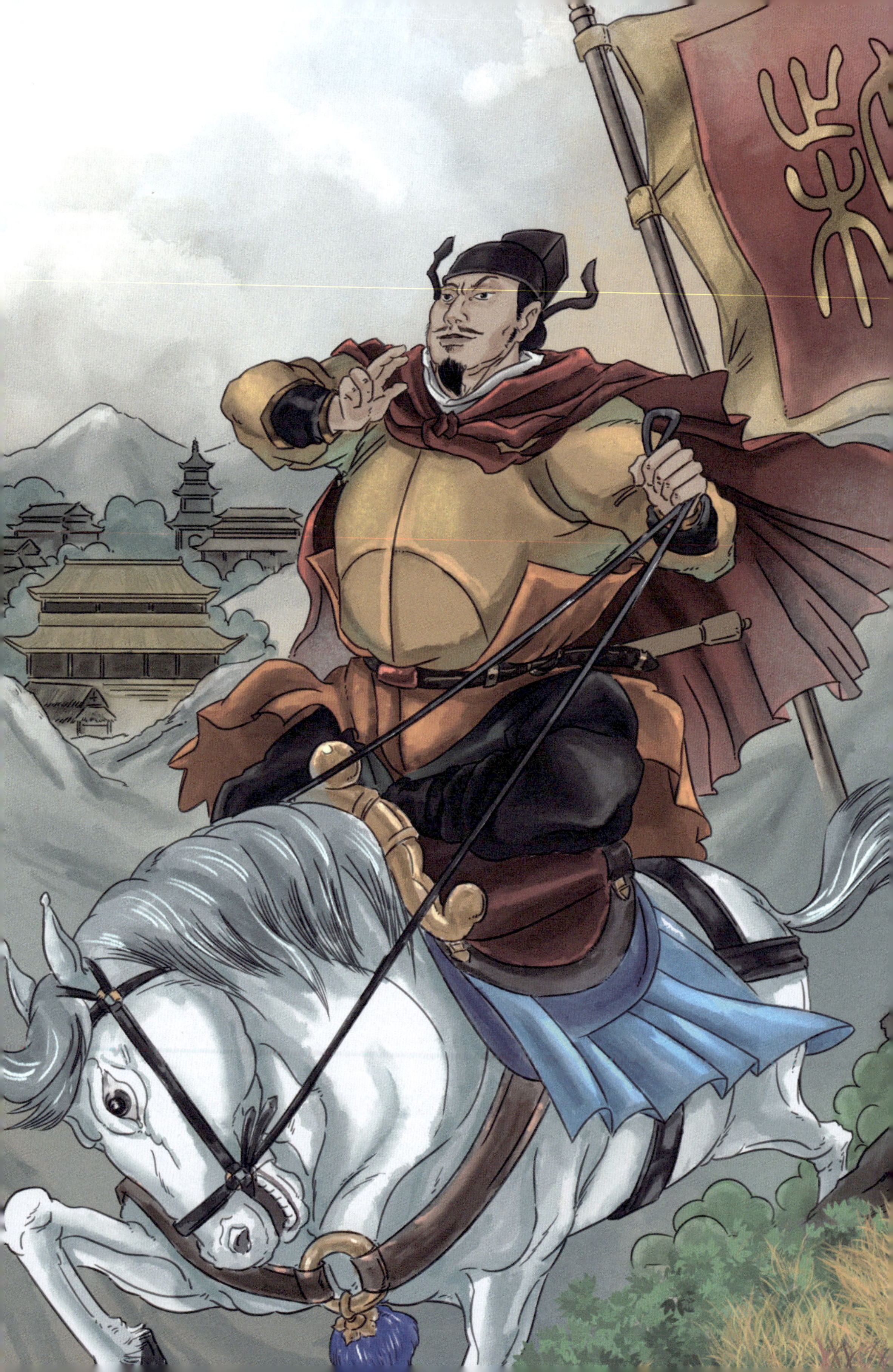

员，下狱甚至杀掉。柴荣还令人重新修订了法律，柴荣在位期间会经常自我批评，还让大臣给他推荐人才。由于长年的战争，土地已经没人耕种了，柴荣就把没人耕种的土地分给农民，如果三年之内这块土地的主人回来，那只需要归还耕地的一半就可以了；如果五年了，这块土地都没有主人出现，那么这块土地就完完全全地归你所有。

小Q：柴荣真是个好皇帝，别说乱世，放在其他盛世也算是个好皇帝。

姜sir：同时柴荣又恢复了科举考试，五代十国是乱世，很多人已经不读书了，柴荣要恢复人才的选拔，就让大家去读书。此后几年，柴荣继续开疆拓土，震慑四方。几乎是战无不胜，而赵匡胤也是屡建奇功，官职是升了又升，这时候，柴荣面临了他最大的敌人，就是北方的契丹。

小Q：没有幽云十六州，契丹是不是总来骚扰？

姜sir：柴荣决定北上征讨契丹，顺利打到固安后，感到身体不适，无奈只能停止，后来柴荣的病情更是越来越严重，最后只能放弃北伐。

小Q：唉，就差一点，回去休息好了，再继续打。

姜sir：可惜的是柴荣的病情越来越严重，甚至柴荣都能感受到自己的生命要走向终点了。但这个时候，他最大的儿子才7岁。柴荣在最后的时间里，妥善地安排了朝堂之上各个方面的工作，为的就是保证自己年幼的儿子能够坐稳江山。

小Q：这也太快了，感觉才刚刚开始。

姜sir：959年7月27日，柴荣带着遗憾离开了人世，终年38岁。而他将重要的军队交给了赵匡胤。

小Q：我好像有点知道宋朝是怎么建立的了。柴荣是得什么病死的？

姜sir：对于周世宗柴荣的死因，历史上没有做过多的记载，只说是突然发病去世的，也没有说是什么病。有人推测是因为柴荣所有的事务都是亲自做，过度劳累伤神所致。

小Q：好年轻就去世了，柴荣的30年战略才刚开始呢。

姜sir：柴荣就当了5年皇帝，但就是在这5年里，北方经济快速恢复，老百姓开始安居乐业。如果不是柴荣英年早逝，他必然能造就一个伟大帝国，而他本人也可能成为与秦始皇、汉武帝齐名的伟大君王，但历史没有如果。

小Q：那柴荣历史地位高吗？

姜sir：明太祖朱元璋曾经在1371年3月，举行了一次规模盛大的祭祀活动，祭祀历代他认为值得祭奠的帝王，总共有35位古代帝王入选，其中五代十国只有柴荣一人入选。1651年，清朝举行了一次祭祀前朝帝王的仪式，共有23位帝王入围，五代十国只有柴荣一人。1696年，清朝举行第二次祭祀前朝帝王的仪式，五代十国还只是柴荣一人入选。

小 Q：不愧是"五代十国第一明君"。

姜 sir：但在五代十国有一位比柴荣名气大的国主，他有名不是因为他是一国之主，而是因为他的才华。他是谁呢？我们下节见。

141 天降皇位

> 各位同学，大家好，我就是那个人见人爱、花见花开、车见车爆胎的姜 sir。

> 大家好，我就是那个负责问问题的小 Q 同学。

姜 sir：上一节我们说到"五代十国第一明君"柴荣，而在五代十国竟然有比他名气还大一点的，因为他的作品是语文书上的必背篇目，他就是李煜。

小 Q：我知道李煜，有好多经典作品。

姜 sir：要是在皇帝里面排序，李煜的排名可就靠后了，但要是文人排序，李煜绝对是榜上有名。李煜原本是没有机会登上皇位的，可以说是天降皇位。

小 Q：还有这好事？

姜 sir：李煜的国家就是十国里的南唐，是十国中版图最大的一个。李煜最初并不是出生在皇帝家庭，但他爷爷在李煜三个月大的时候，废掉了南吴的皇帝，自己称帝，建立了南唐政权。李煜的爷爷有五个儿子，李煜的爸爸是老大。但李煜的爸爸继位后，兄弟们不满意，最终李煜的爸爸定下来兄终弟及，也就是李煜爸爸去世后，皇位传给弟弟，而不是儿子。

小Q：那皇位肯定到不了李煜这儿了。

姜sir：同时李煜本身是老六，有五个哥哥。

小Q：那更不可能传给李煜了。

姜sir：李煜有一个哥哥名叫李弘冀，这个人很有能力，曾经率兵攻打吴越，大破吴越，所以在南唐军队中很有威望。李弘冀非常想当皇帝，后来叔叔主动表示不接受皇位了，让出了继承人的位子，但没想到这个李弘冀竟然心狠手辣下毒杀害了自己的叔叔。而这个时候，李弘冀就开始担心李煜会和他抢皇位。

小Q：他为什么不担心其他的弟弟，就担心李煜呢？

姜sir：因为李煜长了一张当皇帝的脸。李煜前额宽阔，脸颊丰满，牙齿重叠，还有一只眼睛有两个黑眼球。

小Q：这长相挺怪的，怎么还皇帝脸了？

姜sir：这个叫帝王之相，他的几个特征都是原来帝王才有的，而李弘冀对所有能威胁到他继承皇位的人都要铲除，所以李煜从小就没有要当皇帝的欲望。读读书，钓钓鱼，喝喝酒，唱唱歌，李弘冀也就放过了这个弟弟。

小Q：李煜是在掩盖自己对权力的欲望吗？

姜sir：李煜还真的对皇位没啥追求，他觉得自己衣食无忧，生活挺美好的。"一壶酒，一竿身，快活如侬有几人。"身边一壶美酒，手中一支钓竿，世上这样自由快乐的人有几个？李煜是真挺享受他现在的生活的。但是没想到李弘冀突然去世了，于是李煜就成了太子。

小Q：不是还有几个哥哥的吗？

姜sir：另外几个也都去世了，并且也就李煜二哥在历史上留下个名字，其他三个哥哥都不知道叫啥。

小Q：还真是天降皇位呀。

姜sir：于是李煜就当上了皇帝。突然间，李煜从一个无忧无虑的文人，变成了执掌生杀大权的国家最高领导人。而那个时候，五代已经结束了，宋朝也已建立，李煜当上皇帝后做的第一件事，并不是什么改革或是整顿军队，而是先给宋朝写了封信，大概内容就是：第一，我继位了，告诉您一声；第二，从此以后，我向您纳贡称臣；第三，您别消灭我，让我能保持现状就行。

小Q：他真是不适合当皇帝。

姜sir：971年，李煜给宋朝送去了一封国书，主动请求

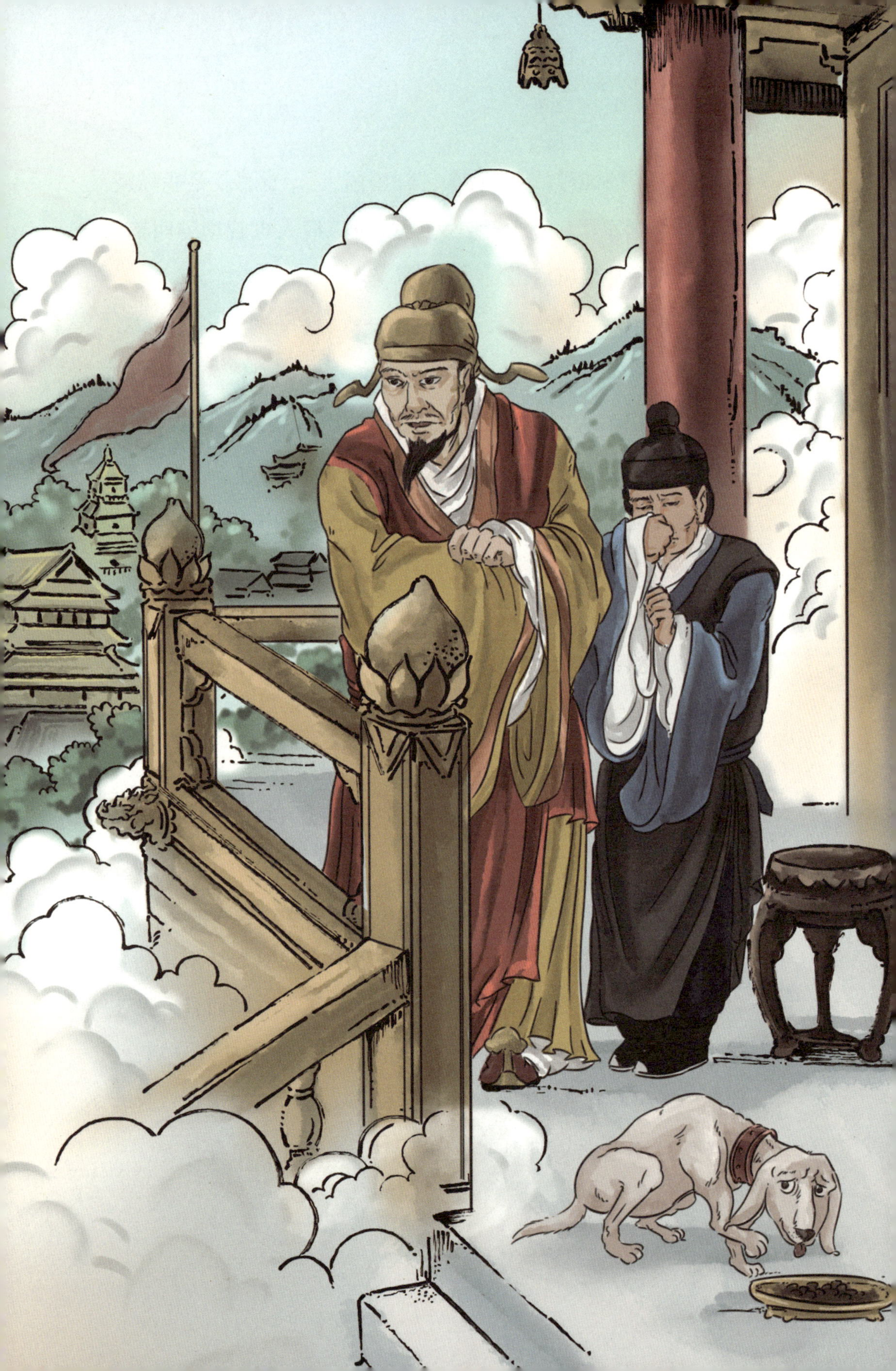

去除"唐"的国号，只自称为"江南国主"。意思就是我降级，不是一个国家了，就是个小地方。所以后人也管李煜叫南唐后主，而不是南唐后帝。

小Q：人家宋朝怎么可能最后允许你的存在。

姜sir：当时赵匡胤登基不久，需要稳固自己的地位。于是，对面积不大，但实力仍然很强的南唐采用了缓兵之计。但是宋朝一统天下，只是时间问题。赵匡胤说过"卧榻之侧，岂容他人鼾睡"，我怎么能容忍让他人占去一半床在我旁边睡觉？意思是怎么可能在我旁边有你这个国家存在。

974年，赵匡胤最后一次下诏催李煜入朝。李煜拒绝前往，赵匡胤立即命令军队进攻南唐。李煜决心背水一战，宣布不再臣服于宋，恢复南唐国号。

小Q：勇气还是值得表扬的，但打得过吗？

姜sir：975年，金陵城破，李煜投降。赵匡胤封他为违命侯。

小Q：这个称号怎么感觉在说李煜不听话呢。

姜sir：从此之后，李煜就写了很多表达哀愁、对南唐怀念的词。繁华富贵已成过眼云烟，故国家园不堪回首，帝王江山毁于一旦。这滋味，真是"剪不断，理还乱，是离愁。别是一般滋味在心头"。有时候，只有在梦中忘记了自己现在的身份，才感觉又回到了故国，就是"梦里不知身是客，一晌贪欢"。978 年，宋太宗赵光义赐给李煜毒药，李煜辞世了，留下了最后一首《虞美人》："问君能有几多愁，恰似一江春水向东流。"

小 Q：真的不是所有人都适合当皇帝。可是宋朝怎么建立的呢？

姜 sir：五代十国的两个大名人柴荣和李煜我们都了解了，接下来要进入宋朝了。赵匡胤是通过什么手段夺得天下的呢？我们下节见。

第 13 章

重文轻武的北宋

142 黄袍加身不乐意?

各位同学,大家好,我就是那个人见人爱、花见花开、车见车爆胎的姜 sir。

大家好,我就是那个负责问问题的小 Q 同学。

姜 sir:五代十国里最英明的皇帝柴荣去世了,而其 7 岁的儿子继承了皇位。当时赵匡胤统领禁军。这时候,赵匡胤便成了后周第一军事强人。

小 Q:禁军是什么军队?

姜 sir:禁军是设置在国家首都的一批军队,一般都会选择战斗力最强、足以压制其他军队的那一批来担任。

小 Q:那赵匡胤随时可以当皇帝了。

姜 sir:光有军权是不够的,如果都这样,每个朝代的禁军首领都可以当皇帝了,得需要各种因素凑在一起,而赵匡胤就凑足了这些要素。第一，要确定军队能够完全地支持自己，赵匡胤主动与其他中高级将领交朋友，还和一些将军结拜为兄弟。因此，基本确定了军队里自己的控制权。

小Q：柴荣要是活着，赵匡胤估计也不敢。

姜sir：第二，还需要一个调动军队的理由。当时边关送来加急快报，契丹与北汉联手，发兵入侵。小皇帝哪懂怎么办，于是找大臣商量，大臣们都说必须派出一支强大的军队前往增援。那么要派谁去呢？肯定是赵匡胤了。

小Q：真的这么巧？敌人来进攻了吗？

姜sir：很多史书都记录了这次契丹入侵的事件，但这些史书都有一个共同的特点，那就是在赵匡胤当皇帝的时候写的。是真的入侵，还是赵匡胤让这么写的，这就是个谜团了。

小Q：那就没有一些其他的证据吗？

姜sir：第一，当时镇守边境的将军是赵匡胤派去的将军，也就是说，消息是从自己人这边传来的。第二，契丹所在的辽国历史中，也没有任何记录这次入侵的文字。第三，赵匡胤当上皇帝后，史书就再也没提过如何打跑的敌军。

小Q：契丹又不会因为你当上皇帝，我就撤退了。

姜sir：当时先锋部队先行出发，赵匡胤率大队人马第二天出征。当天，赵匡胤率领的主力军队到达距离首都四十里的陈桥驿，因为天色已晚，大部队就驻扎在这里了。

小Q： 地方够住吗，那么多人？

姜sir： 陈桥驿是首都往北走的第一个大驿站，规模很大。小Q，这时候，如果你是赵匡胤，你觉得还缺点什么条件？

小Q： 根据我学历史的经验，最好有个特殊的天气现象。

姜sir： 对喽。据传言，当时出现了两个太阳，并且只有两个人注意到了，而这两个人就把这事给传开了。于是大家就开始解读这个现象："这是要出现两个皇帝啊，但最后只能留一个。"

小Q： 我怎么感觉这都是排练好的剧本呢。

姜sir： 很多人起义之前，都会编出这种天生异象的谎言，目的就是给改朝换代增加点神秘色彩，同时也是想说自己登上皇帝宝座是天意所为。于是军队内就开始讨论了，已经有一个小皇帝了，另一个会是谁呢？这时候有人就说："如今小皇帝年龄小，我等在前拼命杀敌，他那么小，能懂什么！不如拥戴赵匡胤为天子，然后我们再北上杀敌。"于是大家一起高声喊，好！好！好！

小Q： 那赵匡胤当场就同意了？

姜sir： 没有。根据史料记载，赵匡胤当天喝醉了，一直在营帐中睡觉，外面发生什么都不知道。

小Q： 怎么有一种我睡着了，造反是士兵们搞的事情，跟我无关。这也太巧合了吧。

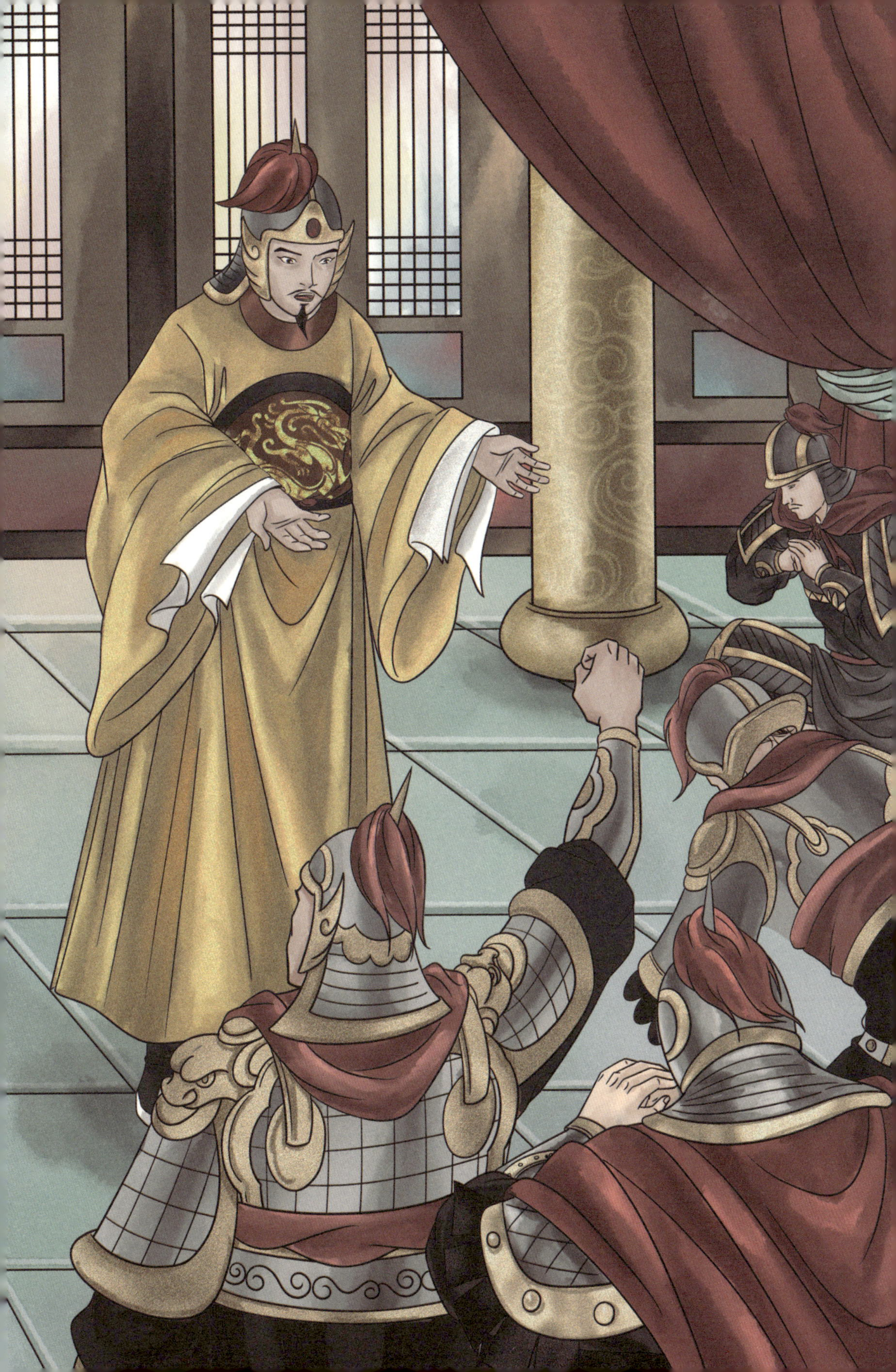

姜 sir：第二天，赵匡胤醒了，什么都不知道。赵匡胤走出大帐，只见大帐之外将军率领士兵围成一圈，全副武装。几个将军见到赵匡胤，上前跪下，说道："诸将无主，愿策太尉为天子。"意思就是您当皇帝吧。几个将军一拥而上，把一件黄袍披在他身上。此时，诸将士齐刷刷跪下，高呼"万岁"。这就是"陈桥兵变""黄袍加身"。

小 Q：赵匡胤还得做出一副不愿意的表情吧？

姜 sir：嗯。赵匡胤说："都是你们逼我的，我不当也不行了。只是，我的号令，你们能听从吗？"大家齐声答道："唯命是从。"于是赵匡胤的大部队浩浩荡荡回到了首都，这支大周帝国最精锐的部队，出去一天，第二天就回来了。接下来就是包围皇宫，把大臣都押出来。赵匡胤还说："先皇对我那么好，但我被士兵们所逼，不得已才这样做的。我深感惭愧，有负天地，我该怎么办呢？"

小 Q：柴荣要是看见，估计能气得头顶冒烟。

姜 sir：这时，翰林学士突然拿出一份事先早已准备好的禅位诏书，正式宣布周恭帝退位。赵匡胤登上了皇帝的宝座，改国号为"宋"。宋朝建立了，赵匡胤却睡不好觉了，他在担心什么呢？我们下节见。

143 兵权得收回来

姜 sir：各位同学，大家好，我就是那个人见人爱、花见花开、车见车爆胎的姜 sir。

小 Q：大家好，我就是那个负责问问题的小 Q 同学。

姜 sir：上节我们说到赵匡胤黄袍加身，几乎不费吹灰之力就当上了皇帝。小 Q，你觉得赵匡胤当皇帝最大的原因是什么？

小 Q：就是因为他手里有兵权呗。

姜 sir：赵匡胤称帝之后，曾经平定过三次大的叛乱。因为唐朝末期藩镇割据的影响多少还有，一些节度使手握兵权，不服赵匡胤当皇帝。所以赵匡胤明白，他能发动兵变，别的节度使也能发动兵变。于是他决定请客吃饭。

小 Q：什么？这是什么套路？赵匡胤难道当所有的节度

使都像我一样喜欢吃？

姜 sir：961年，宋太祖赵匡胤请客吃饭，客人是石守信、王审琦、高怀德等几位禁军的将领。这几位既是现在的将军，也是当年的好兄弟，吃吃饭，喝喝酒，叙叙旧。赵匡胤说："我如果没有你们这些人，就得不到现在的位子。虽然现在我当上了皇帝，却不如当节度使快乐，我从来没有安稳地睡过一觉。"

小Q：我以为他会直接要兵权呢，又要开始表演了。

姜 sir：皇帝都这么说了，一看就是有特殊的意思啊。将军们赶紧说："现在皇上的天下已定，谁还敢再有别的念头呢？陛下为什么说这样的话？"赵匡胤说："人啊，谁不愿意富贵，一旦有人把黄袍披在你的身上，即使你不想当皇帝，也不可能了。"

小Q：多明显，让他们交出兵权了。

姜 sir：这群将军一下就懂了，赶紧跪下："我们太愚蠢了，没有考虑到这些，让您睡不好了，您原谅我们吧。"赵匡胤就说："人生过得多快啊，不如多积累些金钱，购买田地房产，留给子孙后代，这样，君臣之间没有猜忌，不也很好吗？"石守信等人马上拜谢说："陛下替我们想得如此周到，我们感激不尽。"

小Q：赵匡胤真是既要了面子，又要了兵权。

姜sir：第二天，这群将军都说生病了，带不了军队了，请求解除兵权。赵匡胤一听，马上就同意了，还给了他们非常丰厚的赏赐。这就是历史上著名的"杯酒释兵权"。

小Q：不费一兵一卒，就把兵权夺过来了。这招儿太高了。

姜sir："杯酒释兵权"这件事，其实并没有记录在真正的史书中，而是在小说里出现的。每当宋朝在军事战争中打败仗，就有人对赵匡胤当年的一系列军事改革不满，所以这个故事越编越详细。

小Q：也就是说，那些对话其实都是后人加进去的，但赵匡胤真的解决过军权的事。

姜sir：赵匡胤的确是解决了军权的问题。当时经过五代时期几代帝王的治理，藩镇的势力已经得到了很大程度上的减弱，而中央禁军的实力已远远超过地方军，所以赵匡胤要收回来。

小Q：这些将军也是听话，回去就交出兵权。如果是安禄山，才不交呢。

姜sir：在"杯酒释兵权"这个传言之前，赵匡胤就已经在逐步地解除一些将军的权力了。只是到了这四位这儿，得吃个饭，给个面子。同时当时的禁军可是当年那些拥护赵匡胤的士兵，就算不解除兵权，这些将军也不一定能调动太多的士兵造反。

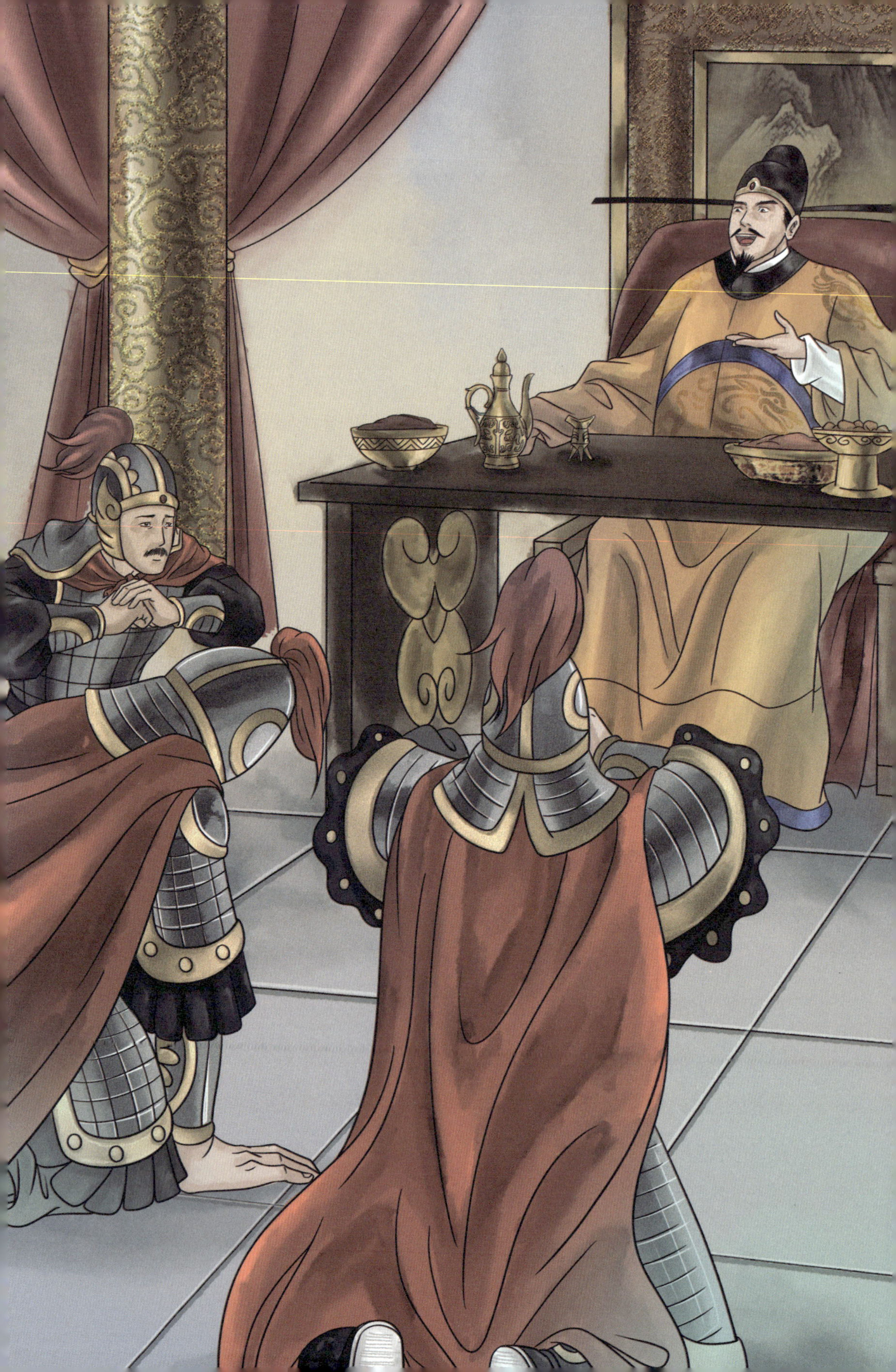

小 Q：原来杯酒释兵权就是个形式。

姜 sir：杯酒释兵权解除的是禁军对于赵匡胤皇位的威胁，但如何保障子孙后代都可以安全呢？赵匡胤对宋朝的军队制度也进行了大幅的改革，其根本目的只有一个，就是把军事权力牢牢地掌握在自己手中，让将领们无法威胁到皇权。

小 Q：谁掌握军队，谁就能拥有天下。

姜 sir：首先，地方的军事权力从节度使的手里转移到了文臣担任的知州手里，因此彻底解决了节度使权力过大的问题。其次，在中央设立两个部门：枢密院和三衙。枢密院负责制定战略决策和调遣军队，三衙负责训练军队。也就是说，能调动军队的不负责训练军队，训练军队的调动不了军队。等到了需要真实作战的时候，皇帝会任命将领去统率军队。战争结束之后，带兵的将领又回到原来的职位上去。

小 Q：可真是用心良苦，士兵和将军根本不熟悉，没办法造反。

姜 sir：真正掌握军队的，实际上只有皇帝一个人，枢密院、三衙，还有将领本人都不可能长时间地掌控一支军队。这样一来，军队对于皇权的威胁便被降到了最低。同时赵匡胤在中央设置了"台谏"，行使独立的监察权，对军队实行严格的监察。

小 Q："台谏"地位很高啊。

姜 sir：台谏，是御史台和谏官的简称。上至皇亲国戚，下至平民百姓，都在"台谏"所能管控的范围之内。同时"台谏"官员有着一项非常独特且重大的权力——风闻事权。意思就是"台谏"官员只要听到任何消息，无论该消息是真是假，他都可以将这个消息汇报给皇帝，并且要求做出应对举措。

小 Q：我怎么感觉对于皇帝而言，这些改革都是安全的。但对于军队的战斗力、士兵和将军的熟悉程度都会受到影响呢？

姜 sir：赵匡胤的一系列军队改革，对于整个宋朝会产生什么样的影响呢？为什么宋朝会被后人称为"弱宋"呢？我们下节见。

144 为什么被称为"弱宋"

> 各位同学,大家好,我就是那个人见人爱、花见花开、车见车爆胎的姜 sir。

> 大家好,我就是那个负责问问题的小 Q 同学。

姜 sir:上节我们说到赵匡胤对于兵权的改革。宋太祖赵匡胤的军事制度改革对宋朝的影响是深远的。这样的军事制度使得将军们无法完全掌控军队,保证了皇帝可以绝对地把持住权力。但是改革肯定有好的一面,也会有不好的一面。

小 Q:这么分权力,军队战斗力会不会受到影响?

姜 sir:将军带兵打仗时,权力也并不大,许多时候都是按照皇帝事前制订好的计划来打仗。

小 Q:可敌人是在变化的,计划赶不上变化啊。

姜 sir:这样的军事制度无法完全发挥军队和将领的最强

战斗力。可反过来看，如果把权力交出去，又容易出现唐朝藩镇一样的割据。所以历史上每个制度的好坏，都只是后人根据结果来评价的。

小Q：当皇帝可真操心，怎么做都容易出现问题。

姜 sir：军队战斗力没有完全发挥出来，自己家的城墙幽云十六州又归别人了，北部边境无险可守，人家的骑兵随时随地都可以顺畅地冲进来进行烧杀抢劫，然后大摇大摆地回去。中原大地直接暴露在草原骑兵的铁蹄下。宋朝和少数民族的战争也是胜少败多，所以长久以来，人们都将宋朝称为"弱宋"。

小Q：为什么不把幽云十六州收回来呢？

姜 sir：打过，但是打不过。契丹建立的辽国比宋朝早，别说抢回来，人家不来抢你就不错了。

小Q：那宋朝为什么不去提升军队的战斗力呢？

姜 sir：赵匡胤在建国初期就定下了"重文教，轻武事"的政策，也就是宋朝的重文轻武。这是作为基本国策为后世的宋代皇帝所奉行，影响贯穿整个宋代的。

小Q：赵匡胤就是因为怕别人像自己一样黄袍加身吗？

姜 sir：赵匡胤之所以实行重文轻武的国策，是因为他知道前朝是为什么灭亡的：就是给了武将太多的兵权，最后武将发动了政变。我们看一下五代一些皇帝的结局，就明白赵匡胤为什么这么做了。后梁的朱温，本身是唐朝的节度使，因为有了兵权，当了皇帝。但朱温被自己的儿子消灭，他儿子也是因为有兵权。后唐的开国皇帝是李存勖（xù），926年，成德节度使拥兵自重，发动兵变，结束了李存勖的统治。后周，赵匡胤自己也是因为有了兵权，当了皇帝。

小Q：可能换作我，也会这么做。

姜sir：五代时期，53年，建立了5个政权，最短的后汉立国才3年。所以赵匡胤必须做出改变，其实最初的宋朝是重文防武，只是防止武将的权力过大，因为五代传下来的武祸必须解决。

小Q：什么是武祸？

姜sir：就是武将祸乱天下。五代的一些将军真是不知道什么叫羞耻，投降、叛变简直和吃饭一样，觉得造反比战场厮杀风险小多了。柴荣刚刚当皇帝的时候，大战契丹，很多将军居然要逃跑，在他们看来，谁当皇帝都一样，打不过就投降呗。最后柴荣连续处罚了七十多位逃跑的将军才算稳住了局势。

小Q：真得治理一下，听着都生气。

姜sir：一个历史的结果是由很多综合原因造成的。看待历史不能只站在今天的角度，说当年应该怎么样。古人的选择有时候往往是当时最好的选择。可以说，唐朝的藩镇割据也间接影响了宋朝的军事实力。

小Q：怎么还和人家唐朝有关了？都隔了五代十国了。

姜sir：西夏是由党项人在中国西北建立的一个割据政权，党项族在唐朝时迁居西北，因为参与平叛有功，被册封为节度使。黄巢起义军攻入长安后，唐朝彻底失去了对地方藩镇的控制，党项人正式割据西北。之后进入五代更迭，也都顾不上收复西北地区。宋朝建立后，党项族主动派使者前来祝贺，并帮助宋进攻北汉。但后来因为宋和辽不停地发动战争，趁着这个机会，党项族发展自己的实力，1038年正式建立西夏。宋不愿面对这个事实，与西夏开战，但西夏取得了胜利。1043年双方和谈，宋承认西夏国家的存在。

小Q：是和唐朝的藩镇割据有点关系，但西夏的建立怎么就影响宋朝的军事实力了呢？明明是宋没打过人家。

姜sir：首先，宋朝本可以专心对付辽国，但现在还要防着西夏。其次，西夏地区盛产马，当时的战争，骑兵是非常重要的，没有足够的马，怎么可能有足够的骑兵和辽国对抗呢？那个时候的战马就是武器装备。

小Q：那自己不能养马吗？

姜sir：宋朝最初对于战马的重视程度非常高，专门设置了养马场，并且设立了掌管全国军马的群牧司统一管理，但是宋朝后来养出来的战马"壮不如驴"，根本没办法上战场，

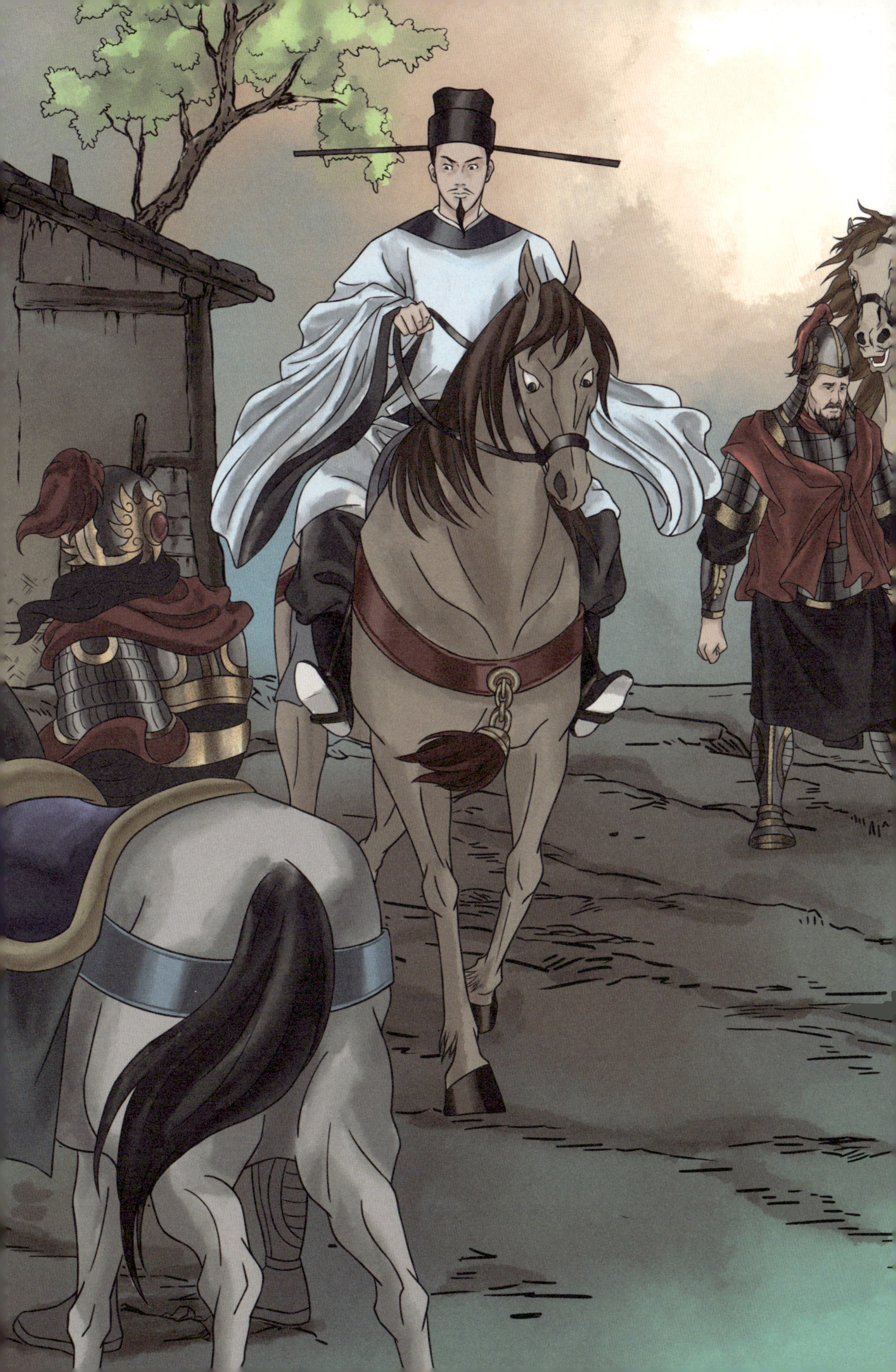

而战马的饲养需要大片的草场，宋朝缺乏这样的牧场，同时战马最好的饲养方式是放养，不能在马圈里养。

小Q：我还需要去户外进行体育运动呢，天天在屋子里，身体素质肯定不好。

姜sir：马匹的纯种血统非常重要，真正养马的民族一般情况下不会让战马和普通的马去生小马。

小Q：也就是不能有混血儿。

姜sir：但宋朝的马匹大多是从别的地区买来的，很难保持马匹血统一直纯正。所以宋朝军事实力弱是多方面原因造成的。当然，最主要的原因就是和开国几任皇帝有关，第一任赵匡胤，第二任赵匡胤的弟弟赵光义。

小Q：第二任为什么是弟弟，不应该是儿子吗？

姜sir：赵匡胤到底为什么会传给弟弟，以及千古以来人们对赵匡胤死因的怀疑在哪儿呢？我们下节见。

145 赵匡胤传位之谜

姜 sir：各位同学，大家好，我就是那个人见人爱、花见花开、车见车爆胎的姜 sir。

小 Q：大家好，我就是那个负责问问题的小 Q 同学。

姜 sir：我国历史上有两次名副其实的大分裂，一次是南北朝，另一次就是五代十国。所以，作为五代十国的终结者和大宋王朝的开创者，赵匡胤可以说是我国历史上一个重要人物。

小 Q：是的，赵匡胤结束了藩镇割据以来的武祸。

姜 sir：赵匡胤通过一系列改革，解决了唐朝末期以来藩镇割据的问题。因此，宋朝 319 年的历史中，不曾发生大的内乱和地方割据。同时，一系列有利于国家恢复的政策，也让宋朝快速地恢复过来。但赵匡胤在 49 岁时，生命走到了终点，而他的去世却留下了一个个谜团。

小Q：49岁？年龄不大啊，是生病了吗？

姜sir：赵匡胤是一夜之间突发疾病去世的。正史中没有他患病的记录，民间又是各种传说。于是越传越离奇，越离奇人们越好奇，越好奇就有各种传言版本了。

小Q：其实我也很好奇这些版本。

姜sir：首先说结局，皇位由赵匡胤的弟弟赵光义继承，而不是赵匡胤的儿子。

小Q：怎么能传给弟弟呢？不是都开始传儿子了吗？

姜sir：这个就叫"金匮之盟"，俗作"金柜之盟"。据《宋史》记载，961年，也就是赵匡胤当皇帝的第2年，他的母亲杜太后生病了，病情渐渐加重，杜太后知道自己的生命没多长时间了，就和赵匡胤说："当年因为柴荣留下未成年的孩子当皇帝，所以才让你钻了空子。假如周朝有年龄大一些的皇帝，天下怎么可能被你占有呢？所以，我希望你死之后，将皇帝位子传给你的弟弟。"赵匡胤听完，磕头说道："我会按照您说的办。"于是赵匡胤立下"兄终弟及"的遗诏，并让提出"半部《论语》治天下"的宰相赵普笔录了下来，藏入金柜之中，这就是史书中关于"金匮之盟"的记载。

小Q：那时候赵匡胤几岁？有孩子吗？

姜sir：这件事情发生的时候，赵匡胤只有34岁，大儿子已经10岁了，并且当时赵匡胤身体很健康。

小Q：我觉得有问题，太后怎么能提前知道赵匡胤死得早呢？按照结局推论，赵匡胤活了49岁，那儿子已经25岁了，完全可以继位了，何必传给弟弟呢？

姜sir：就是因为有很多疑点，导致"金匮之盟"争论不停。还有一个民间的传说叫"烛影斧声"，最早记载在一本叫作《续湘山野录》的民间野史上，说是赵匡胤临死前的那个晚上，召见了赵光义，然后赵匡胤在房间里做出躲避的动作，至于躲避什么，书里并没有写。

小Q：感觉后人肯定会围绕着这段各种猜想。

姜sir：所以就有了很多阴谋论，比如赵光义谋杀哥哥，又如赵匡胤本来要传给儿子，但被赵光义制止了。反正帝王家的事是百姓最爱聊的，最喜欢猜测的。

小Q：赵光义是好皇帝吗？

姜sir：赵光义当上皇帝后，出台了许多好的措施。比如鼓励人们去开垦荒地，增加农业生产；减轻赋税；扩大科举取士的规模；派人编写大型书籍。但他做了一件事，失败了，对宋朝产生了一些不好的影响，导致后人对他的评价不高。

小Q：看来还不是小事。

姜sir：当时的宋朝还没有完全统一天下，北方有北汉政权和契丹人的辽国，赵光义打下了北汉，彻底结束了五代十

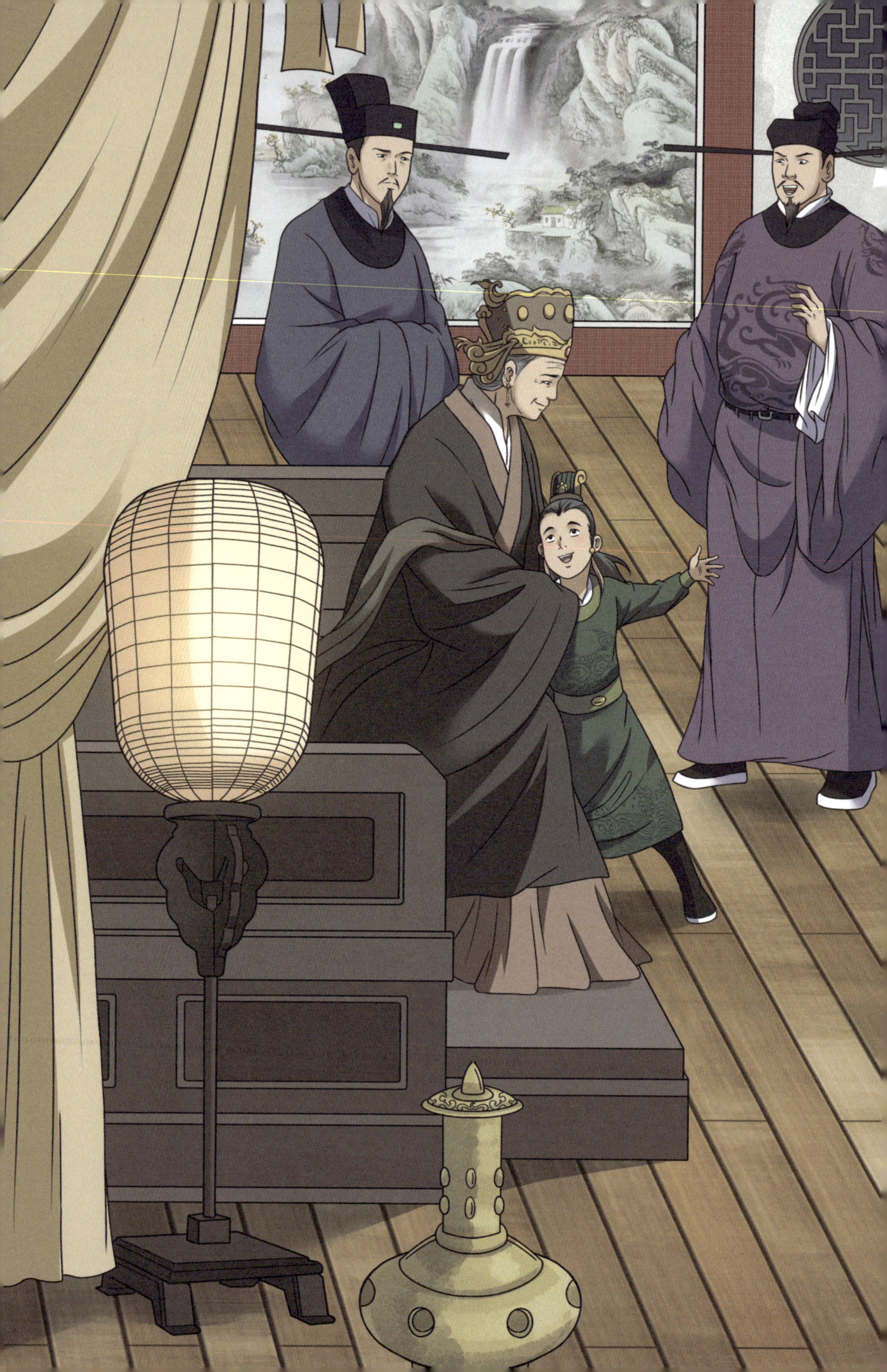

国的局面。

小Q：这不是加分项吗？

姜sir：但赵光义想趁热打铁，继续攻打辽国。很多大臣反对，认为当时辽国强大，且宋军经历了近两年的连续苦战，损耗过大，无力再战，应该休息休息。但赵光义志得意满，想乘胜收复后晋割让给辽国的幽云十六州。不料，将士们对此并不上心，消极应战。

小Q：我猜是打败了。

姜sir：宋军大败。980年，交趾国，也就是现在的越南地区内乱，赵光义趁机派大军去进攻，以为这样就可以使之恢复汉唐时期的土地。

小Q：我猜也是大败。

姜sir：收复计划失败，交趾国还得以保持独立地位。986年，赵光义再次派大军北伐辽国。

小Q：结局肯定是败了。

姜sir：此次北伐，再次以失败告终。

小Q：我知道为啥后人给他评分低了。打不过人家就先等等，太着急了。

姜sir：第二次北伐失败后，赵光义放弃收复幽云十六州的念头，对辽国采用防守的方式。因此辽国得以快速发展了。反过来，人家就可以打宋朝了，而这两次北伐，赵光义都征集了天下之兵，几乎是拿宋朝全部实力去跟辽国一决雌雄。当年赵匡胤留下的家底几乎被他打光了。此外，还有平民伤亡、战略物资的损失，还损失了大将军杨业，让宋朝元气大伤，再无实力以及信心去北伐了。

小Q：杨业是谁？

姜sir：提到宋朝和辽国的故事，就不得不提杨家将了，而杨业就是杨家将里的杨老令公。杨家将都做了什么？又为什么这么有名呢？我们下节见。

146　真实的杨家将

各位同学，大家好，我就是那个人见人爱、花见花开、车见车爆胎的姜 sir。

大家好，我就是那个负责问问题的小 Q 同学。

姜 sir：上节我们说到赵光义两次攻打辽国都失败了。但提到这段抗辽的经过，杨家将是不能不提的。真实的历史上杨家将虽然不如在小说和民间传说中那么神奇，但杨家将三代人英勇抗敌的事迹是绝对值得称赞的。

小 Q：杨家将听起来是一大家人啊？

姜 sir：民间传说中的杨家将可厉害了，当年和辽国的战争中各种被人称赞的表现，血战金沙滩、穆桂英挂帅、杨门女将、佘太君百岁挂帅等各种精彩的情节。但杨业、杨延昭、杨文广这三个人才是历史上杨家将的主要人物。

小 Q：也就是说，有真实的历史，但小说又进行了夸张和虚构。

姜 sir：杨家将的故事多为演义。大半是虚构出来的，但真实的历史上，杨家将三代血战报国，英勇杀敌，而宋朝本身战斗力又弱一些，所以那些血战保国的将领自然会引起人们的崇拜。于是杨家三代的故事得以广泛流传。在流传过程中，民间艺人更是加入了许多神奇的人物和故事。尤其是到了明朝中期以后，人们对当时的朝廷不满意，就更愿意虚构一些英雄人物，来表达自己的理想。所以《杨家府演义》把杨家将英勇战斗、牺牲的过程，写得十分详细和感人。为了使杨家将的英雄形象更加高大和完美，还把一些宋朝的大臣写成了大坏蛋。这就叫反衬，指利用与主要形象相反、相异的次要形象，从反面衬托主要形象。

小 Q：啊？看来有些小说的创作已经不仅仅是加内容，还有篡改历史的。

姜 sir：杨家将里让人恨得咬牙切齿的"奸贼"潘仁美，原型潘美，却是个足智多谋、英勇善战，战功赫赫的大功臣。因为小说的创作有特殊目的，比如杨家将的虚构不是为了让大家误会历史，而是反映当时人民群众的愿望，想通过作品说明，是奸臣和昏庸的皇帝，导致国家的破败。以此告诉当时的皇帝，当领导人不能愚蠢，奸臣必须清除，忠臣必须信任。

小Q：所以不能拿小说当历史，但也要明白小说写作的目的。

姜sir：真实的历史中，第一代杨家将杨业，本身是北汉的将军，但在北汉三十多年的战绩却没有历史书籍记录下来。北汉灭亡以后，他归降宋朝，宋朝授予他左领军卫大将军、郑州防御使。980年，辽发兵10万进攻雁门关。杨业领数千骑兵绕到雁门关以北，突袭辽军，与潘美前后夹击，大败辽兵，从此，杨业声威大震，被人称作"杨无敌"。986年，宋进攻辽国，结果中路和东路都战败，导致杨业率领的西路要面对辽军主力。杨业根据多年的作战经验，知道仓促间与辽军正面作战，自己是处于绝对劣势地位的，是没有胜算的。于是，杨业做出决定，大军先行撤退，避开辽军的锋芒，再寻找作战机会。但是监军王侁却反对，非要和辽国正面交锋，还嘲笑杨业胆小，暗指杨业这种做法是投敌卖国，是为敌人让路。

小Q：在宋朝这种重文轻武的政策下，估计杨业说话也不算。

姜sir：王侁是皇帝派来的，有军队的控制权，最后杨业没争过，只能冒险出击，带一小队人马做诱饵，把大辽军队引诱到陈家口附近。杨业出击以后，王侁等人很久没有得到消息，以为辽军已经被打败了，为了抢功劳，率领部队出击，前进不久，才知道杨业被辽军主力打败的消息，又慌忙撤退。

遼

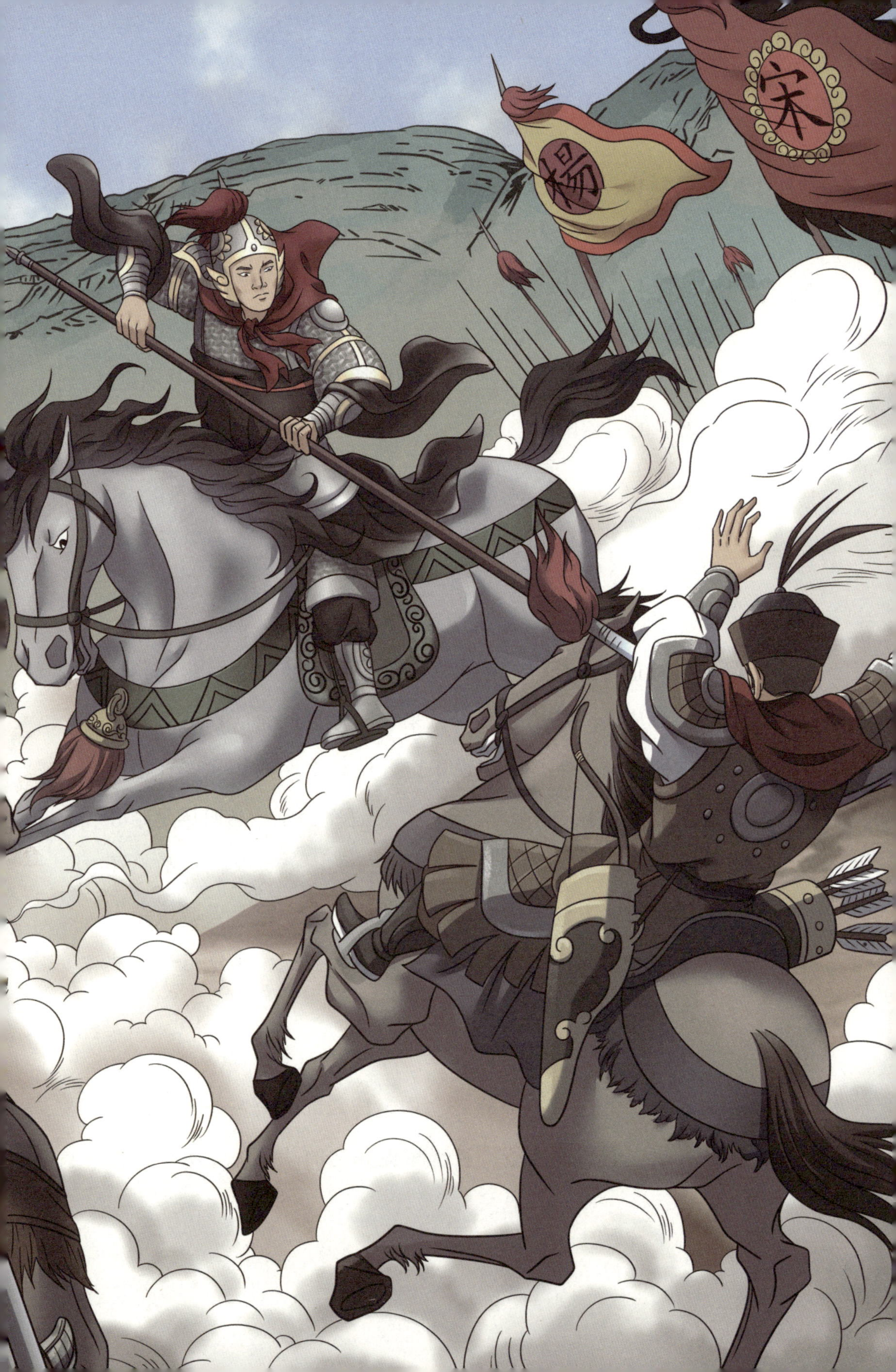
楊
宋

杨业最后也没有等到接应的人马，只得率领部下继续战斗，最后被擒。但杨业绝食三日不吃饭，宁愿自杀也不投降。这就是《杨家将》中"两狼山""李陵碑"的故事原型。

小Q：我理解小说为什么要写杨家将了，确实值得赞赏。

姜sir：不仅仅有杨业，第二代杨家将杨延昭，作战勇猛，就是著名的杨六郎。

小Q：是因为排行老六吗？

姜sir：他是老大。

小Q：那应该叫杨大郎。

姜sir：常见的说法是辽国人给他的称呼。因为辽国人一直都认为北斗七星中的第六颗星是他们的克星，认为杨延昭不是一个凡人，是上天专门派来牵制他们的，所以就把杨延昭叫作杨六郎，于是在小说中也开始这么叫。杨六郎在他爸爸去世后，多次立下战功。999年，辽军南下，当时杨延昭驻守遂城，他在当地招募青年士兵，发放武器，共同抗敌，还命士兵在城墙上浇灌冷水，当时正值寒冬，第二天城墙结上了厚厚的一层冰，辽军攻城无望，随后撤退。杨延昭一直驻守在边关，直到56岁去世。

小Q：爷爷、爸爸都这么厉害，第三代也错不了吧？

姜sir：第三代杨家将杨文广是杨六郎的第三个儿子，他并没有建立能与他爷爷、爸爸相提并论的战功，并不是能力问题，而是当时宋朝和辽国已经不打仗了，和西夏的冲突也少了，就算有平定北方的理想，但皇帝不同意，武将的话语权又没有那么重要，杨文广的职务虽然都在军中，但已经不是独挡一方的将军。杨文广的儿子中再也没有出过武将，都是平凡之人。至此，杨门一脉再也没有了保家卫国的能力。这就是杨家将的三代人物。所以,所谓的"杨家将"远不如《杨家府演义》里描写的那样，是一个势力庞大的大家族。

小Q：宋和辽不打仗了？怎么可能？

姜sir：宋和辽为什么突然和平了呢？据说双方还签订了和约。到底发生了什么呢？我们下节见。

147 用钱买和平

姜 sir： 各位同学，大家好，我就是那个人见人爱、花见花开、车见车爆胎的姜 sir。

小 Q： 大家好，我就是那个负责问问题的小 Q 同学。

姜 sir： 上节我们说到辽和宋要签订一份和约，到底是什么呢？宋辽之间的战争打了 20 多年。几乎每一场大战，双方都有上万人的伤亡。1004 年，辽发兵南下，连续战胜宋军，并且已经威胁到了宋朝的首都，就是现在的开封，史称"景德之役"。这时候宋朝的朝廷就出现了两派大臣。

小 Q： 一定是有要打的，也有要跑的。

姜 sir： 主张跑的建议迁都搬家，有建议去南京的，有建议去成都的。但宰相寇准认为不能跑，同时认为宋真宗应该亲自出征。

小Q：皇帝亲自出征，没有危险吗？

姜sir：在古代的战争之中，有的时候皇帝会御驾亲征，这样可以在很大程度上提升军队的士气，毕竟皇帝都来打仗了，士兵们更加奋勇杀敌了。但也有弊端，因为一旦打败了，就没有退路了，全国都知道皇帝打了败仗，这对士气有很大的影响。

小Q：那宋真宗去了吗？

姜sir：去了。宋真宗登上城门楼亲自加油助威，宋军士气大振。辽军兵力人数占优势，宋军占据地利，坚守城池，辽军骑兵又不擅长攻城，毕竟战马再厉害，也不能飞，所以双方就僵持在这里了。辽军领军大将也意外战死，于是辽军决定和宋朝求和，不打了，商量商量两国接下来怎么办。

小Q：这怎么能行呢？宋朝这都派出皇帝了，你说停就停啊。

姜sir：当时寇准的意思是，讲和可以，但辽国必须向宋朝称臣，并退还幽云十六州，要不就接着打。

小Q：这个我同意，把自己家的大门收回来。

姜sir：你同意不代表宋真宗同意，宋真宗觉得赶紧结束吧，万一提了这样的条件，人家不同意，还得打。打不过怎么办？见好就收。于是宋真宗希望辽军能尽快北撤，双方派使者谈判，签和约，历史上把这次议和称为"澶渊之盟"。

小Q： 具体内容都有什么呢？辽国得赔给我们多少土地？

姜sir： 主要内容有这么四条：

一、辽宋为兄弟之国，辽国君主年龄小一点，所以管宋真宗叫哥哥。

二、双方撤兵。辽归还宋一些抢来的地盘。

三、宋每年向辽提供银子10万两、绢20万匹。

四、双方于边境设置市场，开展自由商业贸易。

小Q： 怎么我们每年还给他们钱呢？这个和约不平等。

姜sir： 这就是一个不平等的条约，但当时有一个细节，就是宋朝真的打不过辽国，趁着辽国愿意谈判，就赶紧同意了，等辽知道真实的情况就晚了。

小Q： 宋朝还有瞒着辽国的事情吗？

姜sir： 当时宋朝还有一支10万人的定州军没出动，所以辽国一直不敢全力进攻，就担心这10万大军趁着自己进攻的时候偷袭自己。10万定州军，这就像一颗定时炸弹一般，随时都有可能在背后给辽致命一击。

小Q： 那宋朝有这样的军队，更不应该同意谈判了。

姜sir： 但真实的情况是，那10万人的定州军，皇帝指挥不动，当时的将军王超不按照计划出动，所以宋和辽都想谈判。辽担心10万定州军，宋担心辽知道定州军的真相。

小Q： 那还是谈判吧，趁着敌人不知道真相。

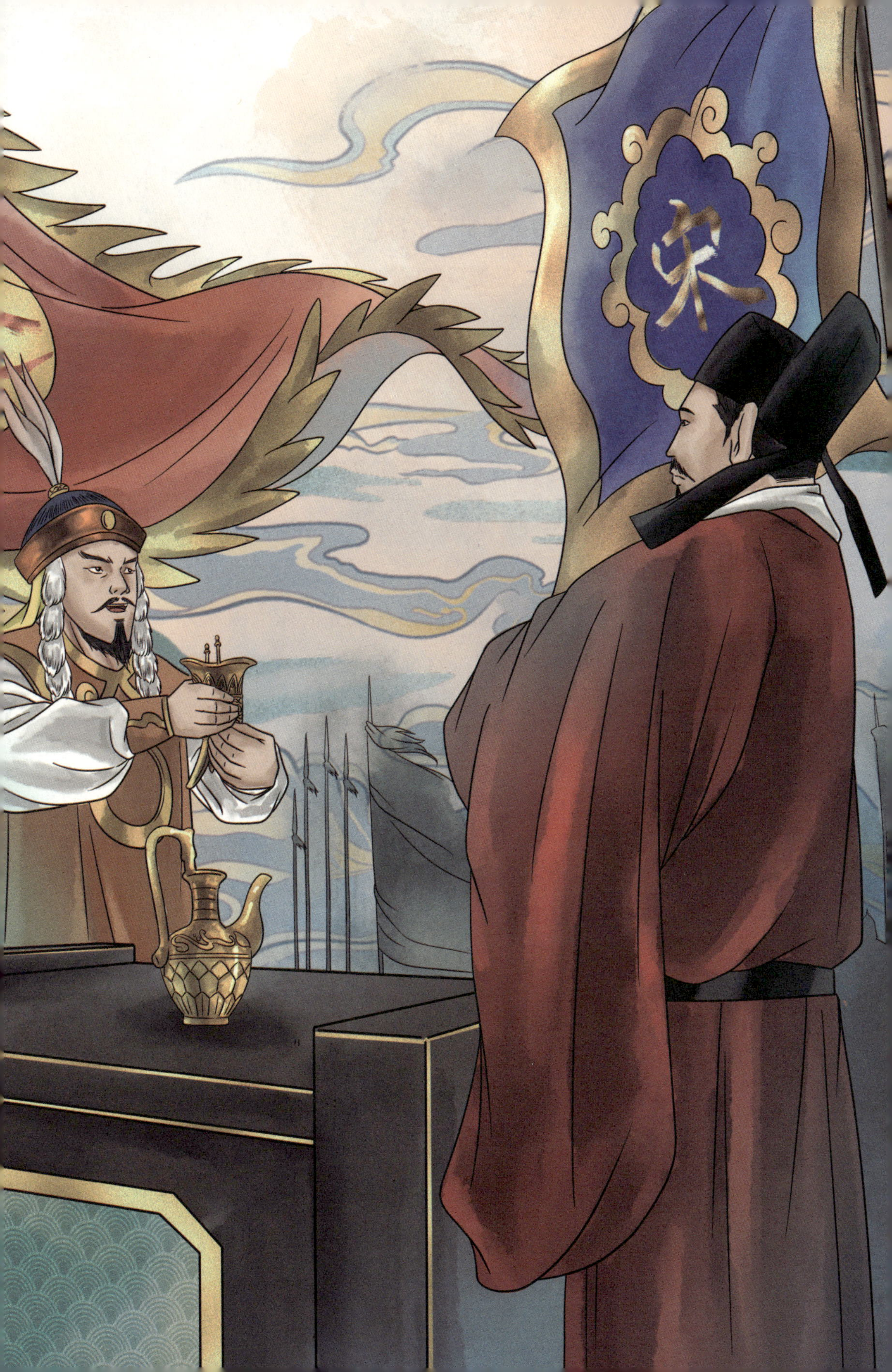
宋

姜sir：澶渊之盟后，宋辽保持了一百多年的和平。小Q，你觉得这种用钱买来的和平，值得吗？

小Q：我觉得如果能利用这段时间去选拔人才，发展军队，就是值得的。但如果单纯地认为这种和平好，那就错了，毕竟敌人也不会永远地按照约定不打你。

姜sir：其实澶渊之盟最大的好处是宋朝没有丢失多少土地。虽然每年要赔钱，但总比打仗省钱，同时双方经商，这些钱宋朝也能赚回来。

小Q：这些钱还能赚回来？

姜sir：举个例子，辽国的契丹人生活在中国北方，游牧民族特有的习性，以肉为主，水果蔬菜较少，饮茶有助于消化，但北方不产茶叶，需要去宋朝买，宋朝还出口精美的瓷器、布，以及从南洋进口的香药、犀角、珍珠等。宋朝向辽卖出的东西，可以大幅提升辽国人民的生活水平，所以辽国越来越依赖宋朝的商品。

小Q：那人家辽国也可以卖给宋朝东西，也能赚钱吧？

姜sir：辽国对宋朝的出口主要是羊、骆驼等牲畜，以及部分矿产，最值钱的马因为属于战备物资，禁止出售，所以宋从辽身上赚了很多钱。

小Q：听起来澶渊之盟挺好的。

姜sir：历史上对宋辽澶渊之盟的评价有好有坏，好的方面认为避免了两国的战争，同时促进了宋辽之间的经贸往来和文化交流，有利于华夏民族的融合与经济、文化的发展。但也有人反对，认为只是换得了边境的一时安定，而过于太平导致了宋朝后期对军事的不重视。但不管怎么样，战争可以暂时告一段落，而宋朝的下一位皇帝可是被称为"千古第一仁君"，他出生的故事在民间真是充满了传奇色彩。他是谁呢？我们下节见。

148 狸猫能换太子吗？

各位同学，大家好，我就是那个人见人爱、花见花开、车见车爆胎的姜 sir。

大家好，我就是那个负责问问题的小 Q 同学。

姜 sir：上节我们说到宋真宗和辽国签下了澶渊之盟，用钱买了和平，可到了宋真宗要立太子的时候，却流传出有名的"狸猫换太子"。

小 Q：狸猫是什么动物？

姜 sir：狸猫，通常指狸花猫。因为它有非常漂亮的皮毛，所以被叫作"狸花猫"，也叫"花猫"。

小 Q：狸猫怎么能换太子呢？

姜 sir：这个故事最早出现在元杂剧里，后来被写进了《三侠五义》这部小说里。

小 Q：吓我一跳，原来是小说里的。我就喜欢先听小说神奇版本，然后再听真实历史版本。

姜 sir：那我就满足你，先说小说版本的。宋真宗有两个妃子，刘妃和李妃，两个妃子同时怀了宝宝，宋真宗十分开心，就许诺谁先生下男孩，就立谁为皇后。刘妃怕李妃先生下男孩，便暗中收买了接生婆。在李妃生下皇子的那个晚上将皇子偷偷抱走，换成了一只扒了皮的狸猫。

小 Q：这就是狸猫换太子，可宋真宗看见儿子变成狸猫肯定会调查的。

姜 sir：宋真宗听说李妃生了儿子，开心极了，急忙来看，结果见到的是一只扒了皮的狸猫，认为李妃生了个怪物，非常生气，就将李妃打入冷宫。

小 Q：冷宫是什么地方？冷库？还是地下很冷的地方？

姜 sir：冷宫不是具体的一座宫殿，也不是气温低的宫殿，是把一间比较偏远的屋子作为冷宫，让皇帝不喜欢的那些妃子去住。

小 Q：李妃可真冤枉，那替换走的孩子还活着吗？

姜 sir：刘妃派人将孩子扔进河水里，但派去的人不忍心，就没杀这个孩子，后来交给了八贤王抚养。

小 Q：没死就行，在王爷家长大也挺好。

姜 sir：后来刘妃生了孩子，宋真宗立刻封刘妃为皇后。

可是刘皇后的儿子不久后就死了。这下宋真宗就没儿子了，只得将自己弟弟，也就是八贤王的儿子立为太子。八贤王就将当年李妃生的小孩送给了宋真宗，当了太子。

小Q：还有这么安排剧情的？这小孩就这样又当回了太子。

姜sir：有一天，太子去冷宫看见了一个女人，正是自己的亲生母亲李妃，俗话说母子连心，太子就觉得这人和自己有血缘关系。这事让刘皇后知道了，通过调查，才知道今天的太子就是李妃当年生的小孩。

小Q：她不会要杀害太子吧？

姜sir：她害怕当年的事情被别人发现，就准备烧死李妃。可是手下的人放走了李妃，替李妃死了。刘皇后见到冷宫里面有一具尸体，以为死的是李妃，也就放心了。李妃逃出宫之后，只能靠乞讨为生。

小Q：太可气了，最后也没人知道真相吗？

姜sir：又过了几年，宋真宗去世，太子继位，就是宋仁宗。这时候包拯，也就是被称为"包青天"的包大人遇到了一个老太太，老太太说自己是皇帝的亲生母亲，包拯将老太太带回去问八贤王，知道真相后，包拯借宋仁宗看戏的时候讽刺仁宗不孝顺。宋仁宗生气了："凭什么说我不孝顺？"借此机会，八贤王等人告诉了皇帝真相，最后母子相认。刘太后听说之

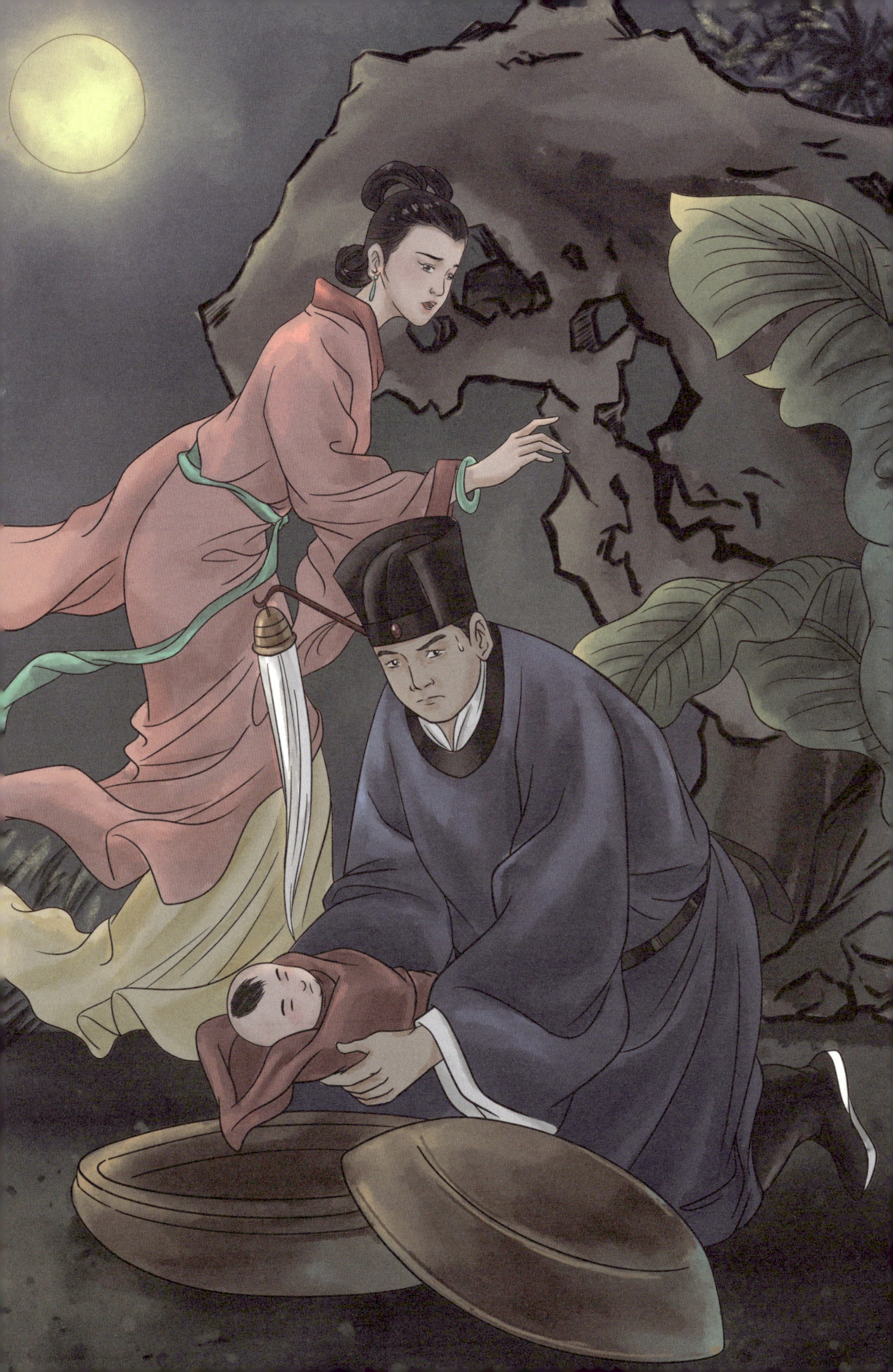

后非常害怕，于是自杀了。李妃成为李太后。

小Q： 结局还是大快人心的，但感觉有点假，听着就不像真实的历史，真实的历史是怎么回事呢？

姜sir： 真实的历史中李妃原本是刘妃的仆人，而不是同一级别的妃子。1007年，宋真宗的皇后去世。宋真宗想让刘妃当皇后，但很多大臣反对，刘妃只有在这时候生下一个皇子，才有可能当上皇后。可这个时候，她的侍女，也就是小说里的李妃，肚子里有了宋真宗的宝宝，于是刘妃就和她商量，如果生的是男孩，归自己养大。结果真的是个男孩，也就是未来的宋仁宗。

小Q： 根本没有狸猫换太子的事。

姜sir： 李氏生娃有功，结束了做侍女的日子，成了皇帝妃子。刘妃也正式被册封为皇后。后来宋真宗病逝。由于宋仁宗年龄还小，刘太后成了国家的实际控制者。这时候也没有人敢说任何谣言，但1033年，刘太后去世。有些人开始跟宋仁宗说："你的亲生妈妈是李妃，而不是刘太后，同时你的亲生妈妈是被刘太后虐待而死的。"

小Q： 啊？这是真的吗？

姜sir： 宋仁宗听了以后，很难受，就派人去调查，真相是李妃不但没有被虐待，而且以高规格下葬。刘太后之所以不告诉宋仁宗真相，是怕一个国家出现两个太后，容易引起动荡。所以李妃也没让自己儿子知道真相。至此，宋仁宗的身世大白于天下。仁宗认母的故事也成了轰动全国的大事。宋仁宗不希望全国老百姓都来讨论这件事，下令不准议论。

小Q：越不让讨论，老百姓肯定越好奇。

姜sir：越不让讨论，大家越好奇，久而久之就越传越离谱。最后《狸猫换太子》的故事广为流传，让人们几乎忘记了历史，只记得故事。宋仁宗是宋朝在位时间最长的皇帝，这个皇帝都做了什么呢？我们下节见。

149　千古第一仁君

各位同学,大家好,我就是那个人见人爱、花见花开、车见车爆胎的姜 sir。

大家好,我就是那个负责问问题的小 Q 同学。

姜 sir:上节我们说到了狸猫换太子的传说和真实历史的区别,而主人公就是宋仁宗赵祯,他是宋朝第四位皇帝,在位 42 年,是宋朝在位时间最长的皇帝。"仁宗"就是赵祯的庙号。

小 Q:"仁"这个字听着就挺好。

姜 sir:仁,在儒家学说中,被认为是儒家思想的核心。孔子认为"仁"就是爱人,爱人就是要求人与人之间以良好的态度相处,使天下所有的人相亲相爱,过上幸福的生活。宋仁宗赵祯是中国历史上第一个被冠以"仁宗"庙号的皇帝。

并且，还被称为"千古第一仁君"。

小Q：我感觉在中国所有皇帝里，宋仁宗存在感并不强，我都没怎么听说过。

姜sir：宋仁宗不像秦始皇、汉武帝那样做了很多大事，也没有唐太宗、宋太祖那样的雄才大略，除了狸猫换太子的民间传说，也没什么吸引人的个性传说。但他在位的四十二年间，宋朝的政治、经济、文化、科技获得快速发展，整个国家呈现出朝气蓬勃的精神风貌，史称"嘉祐之治"。宋代的强盛，主要得益于宋仁宗时代。清朝的乾隆皇帝自我评价极高，认为自己超级厉害，但也说自己一辈子最佩服的三个帝王，一个是他爷爷康熙，另一个是唐太宗李世民，还有一个就是宋仁宗了。

小Q：这么厉害，我对宋仁宗越来越感兴趣了。

姜sir：宋仁宗仁慈宽厚，吃穿住用行非常简朴，生活在宋仁宗时代的官员们是幸福的。大臣和皇帝提意见无所顾忌，哪怕情绪冲动，甚至和皇帝脸对脸地吵架，宋仁宗也不会生气。

小Q：宋仁宗脾气也太好了。

姜sir：所以在宋仁宗统治期间，中国涌现了非常多的杰出人物。文学界，"唐宋八大家"里的六位，欧阳修、苏洵、苏轼、苏辙、王安石、曾巩，他们全是宋仁宗时代的。还有写下《爱莲说》的周敦颐，也是宋仁宗时代的。政治界，有主持"庆历新政"的范仲淹、韩琦，而且还有"熙丰变法"的王安石，主导"元祐更化"的司马光，也都在宋仁宗时代崭露头角。科学界，中国古代四大发明中，除了造纸术，其他三项都出现在宋仁宗时代，这个时代还有两个顶级科学家——苏颂与沈括。

小Q：刚才那些人都好厉害的，名气超级大。

姜sir：宋仁宗不仅仅对大臣好，而且对身边的仆人也好。有一次，宋仁宗在散步，时不时地就回头看，仆人们都不知道皇帝为什么总回头。宋仁宗回到皇宫后，赶紧对妃子说："太渴了，快给我倒水。"大家觉得奇怪，问他："为什么在外面的时候不让仆人伺候喝水，还要忍着口渴呢？"

小Q：是啊，一个皇帝怎么会渴着呢？

姜sir：宋仁宗说："我回头看了几次，但没有看见他们准备水壶，估计是忘了。我要是问，他们又没准备，肯定有人要受到处罚了，所以就忍着口渴没问。"

小Q：我经常看到一些小朋友，和爸爸妈妈要东西，不给就闹情绪。看看人家宋仁宗，一个皇帝，都这么为别人着想。

姜sir：宋仁宗对待老百姓也特别好。《宋史》中，几乎每隔几行，就有一次宋仁宗为百姓做好事的记录：要么是下令减少某一地方的税收，要么是救济灾民。每逢水旱灾害，他还光着脚站在院子里罚站，向老天谢罪。

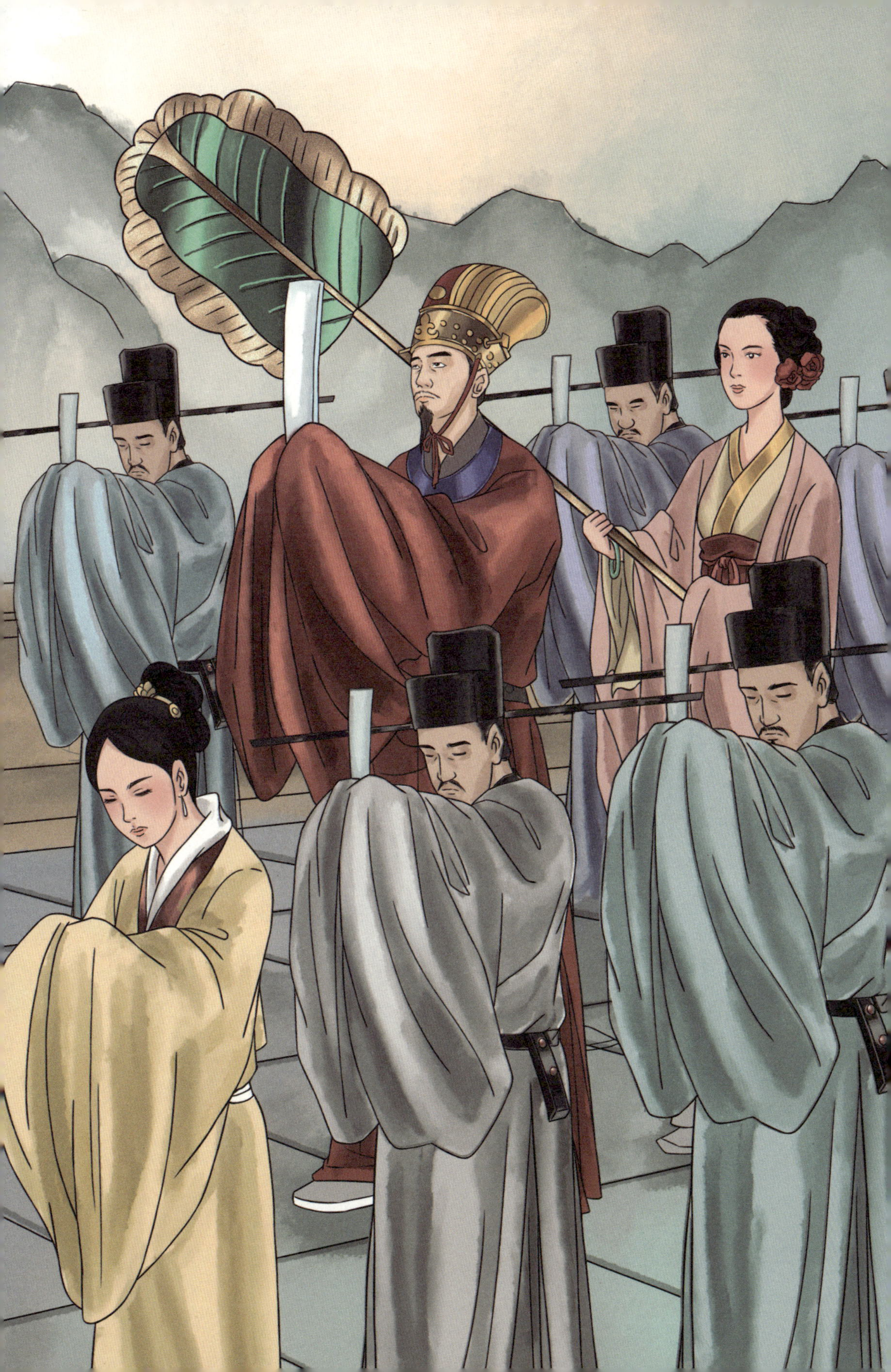

小Q：我觉得不应该叫宋仁宗，应该叫宋大好人。

姜sir：其他国家发生了旱灾，饥民逃到了宋国境内，宋仁宗命令地方官员要像对待本国人民一样去救。全国判处死刑的案子他都要亲自复审，能不杀就不杀。每年被他改判、保住性命的多达上千人。1059年，距宋仁宗去世还有4年时，大臣们连续5次上表请求给他加尊号为"大仁至治"，但是宋仁宗都没有批准。直到去世，才被大臣们用了"仁"这个字。

小Q：他去世的时候，大臣、老百姓一定很难受吧？

姜sir：1063年，53岁的赵祯走完了他的一生，逝世于东京，也就是现在的河南开封。当时皇帝去世的消息一出，"城内军民以至妇人孺子，朝夕东向号泣，纸烟蔽空，天日无光"，可以说当时无论是大人小孩举国哀悼，甚至辽国人也在哀悼宋朝的皇帝。后人曾形容，当宋朝人回忆起仁宗时代，就感觉那是梦一样地美好而易醒。

小Q：千古第一仁君，这个称号他当之无愧。

姜sir：这就是宋仁宗，一个脾气好、能忍让、能设身处地为别人着想、节俭、人缘好、能听进去意见的好皇帝，而他的老师也不是普通人，是谁呢？我们下节见。

150 老师是个大文豪

各位同学，大家好，我就是那个人见人爱、花见花开、车见车爆胎的姜 sir。

大家好，我就是那个负责问问题的小 Q 同学。

姜 sir：上节我们讲到了千古第一仁君宋仁宗，而宋仁宗的老师就是大文豪晏殊。

小 Q：能给大好人皇帝当老师，一定很厉害，是不是又是那种前期各种波折，但经过自己的不懈努力，最终站在了人生的巅峰？

姜 sir：那是其他的文人。晏殊可是那种几乎没经历波折，一路加速登顶的人物，7 岁就被称为"神童"，十几岁就被宰相推荐给了皇帝。当时的皇帝是宋真宗，刚开始，宋真宗想试探一下晏殊的才华，就命他直接和上千名进士学子一起参加考试。晏殊表现得非常淡定,"神气不慑,援笔立成",不但不紧张,还写出了超级棒的文章。两天后参加复试,题目发下去之后,所有人都开始答题,只有晏殊没有动笔。

小Q:毕竟年龄小,遇见不会的题也很正常,已经表现得很好了。

姜sir:晏殊不是不会,而是说:"这个题目我曾经做过,请换个题目,这才公平。"

小Q:这也太自信了,一般人还不得偷着乐。

姜sir:宋真宗头一回遇到这样的事情,当晏殊的试卷交上去之后,他看了又看,不停地称赞。但晏殊年龄实在太小,没办法直接任命个大官,就先封了个小小的官。没什么权力,但是可以大量地读书,接下来宋真宗派人暗中观察晏殊,发现晏殊当了官后,并没有骄傲,的确是一个老实可靠的孩子,所以授予15岁的晏殊太常寺奉礼郎,相当于现在的处级干部。1015年,晏殊被宋真宗任命专门负责陪伴太子赵祯读书,也就是未来的皇帝宋仁宗。

小Q:15岁,就这么顺利地当官了。放到现在,初中还没毕业呢,宋真宗为什么这么喜欢晏殊呢?

姜sir:这个官职只是一个开始,宋真宗在很短的时间里,就快速提拔了晏殊。并且宋真宗对晏殊非常重视,达到了"事无巨细,皆咨访之"的程度,意思是说大事、小事都要和晏殊商量。宋真宗之所以喜爱晏殊，除了晏殊的品格、才华以外，还有一个，晏殊不涉及党派斗争。

小Q：宋朝也有党派斗争了吗？

姜sir：也有，但是不像唐朝"牛李党争"那么严重。比如当时宋真宗要录取晏殊的时候，寇准就反对，反对的理由是晏殊是南方人；但宋真宗说唐朝的名相张九龄不也是南方人吗，寇准才无话可说。

小Q：这和南北方有什么关系？还有地域歧视？

姜sir：宋朝是从五代时期来的，五代处于统治核心的地域是中原地区，属于北方，所以当时北方人作为大臣有一点优越感，觉得南方是属于被征服地区。当时的朝廷一派由以寇准为首的北方人组成，另一派由以王钦若为首的南方人组成。但晏殊并不属于任何一派，这也是宋真宗看好他的原因之一。

小Q：不参与党争，又有才华，怪不得皇帝喜欢。

姜sir：晏殊也并没有因为皇帝对他的宠信而变得骄傲，晏殊做事情也确实靠谱，所以宋真宗对晏殊越来越看重。后来宋真宗去世，宋仁宗即位，晏殊继续升官得到重用，虽然中间也有过一点点波折，但并不影响晏殊的地位。1025年，34岁的晏殊成为枢密副使，位列宰相之一。古往今来能够在三十多岁当上宰相的人很少，而晏殊就是其中之一。

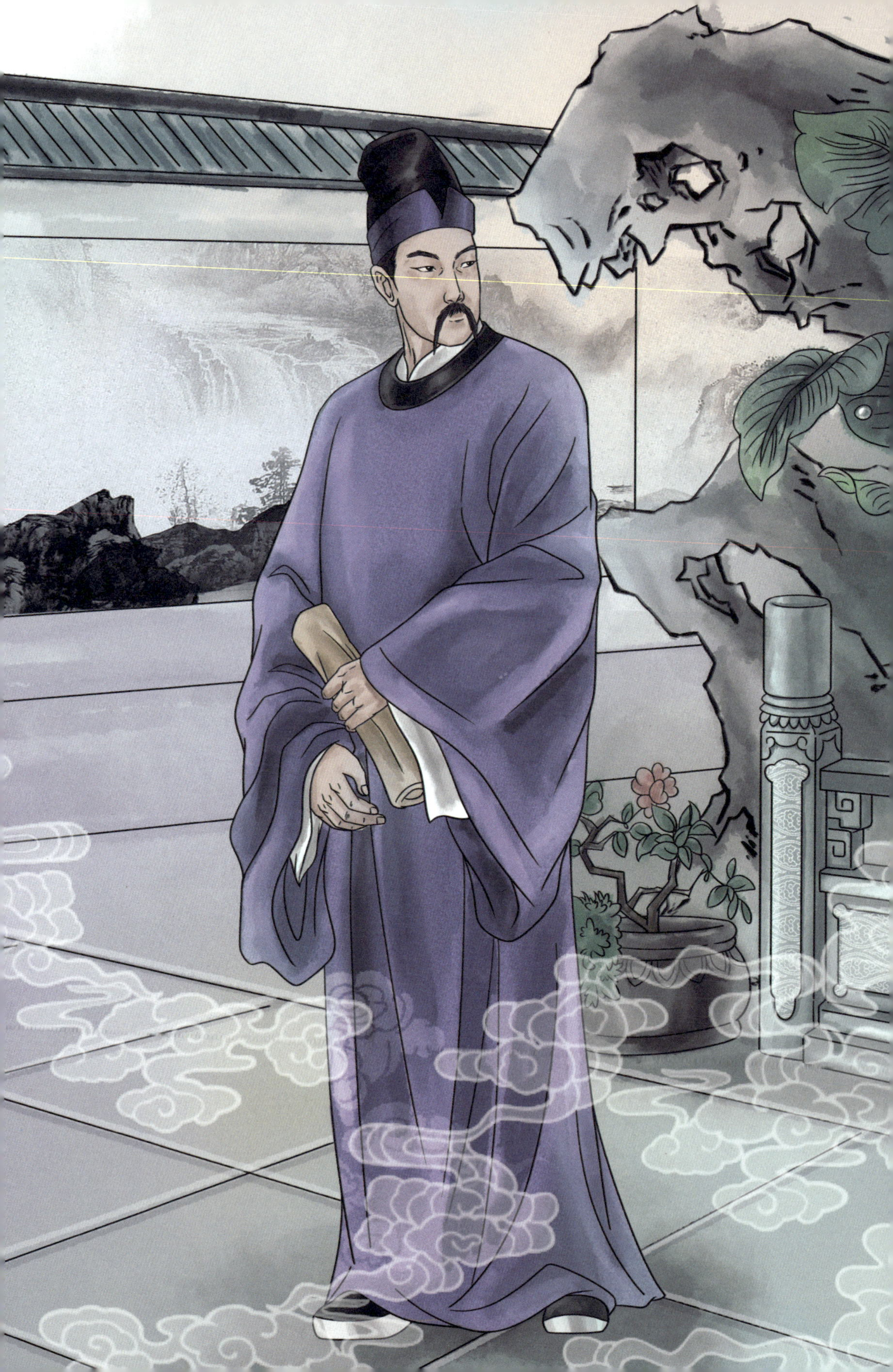

小 Q：真是加速度的人生，34 岁达到了很多人一辈子都到不了的地位。

姜 sir：晏殊还修建了应天府书院，是中国古代著名的书院之一。晏殊认识了范仲淹，后来他当科举考试的主考官时，又认识了欧阳修。

小 Q：这些可都是大文学家啊。

姜 sir：但晏殊和宋仁宗之间也发生过小矛盾，就是当时晏殊要给宋仁宗的亲生母亲写墓志铭。

小 Q：就是狸猫换太子里的那个李妃？

姜 sir：当时是刘太后管理国家，晏殊很难办，刘太后不让他写李妃有儿子，但如果按照刘太后说的这么写，宋仁宗肯定不高兴，自己妈妈的墓志铭怎么能写没有儿子呢。

小 Q：这两面都得罪不起，怎么办？

姜 sir：于是晏殊写了无子，但也委婉地在墓志铭最前面写了"丽水生金"四个字，暗示有儿子。

小 Q：这四个字很难理解吧，大家都会关注"无子"这两个字。

姜 sir：所以就相当于得罪了宋仁宗，但宋仁宗是大好人，也没有太怪罪晏殊，稍微给他调动了一下工作地点，但后来又调回来了，继续当宰相。1054 年，晏殊生病，他把病情如实汇报给朝廷后，被宋仁宗安排回到开封疗养，但是 1055 年晏殊病重，最终病逝，享年64岁。

小Q：我觉得晏殊这一辈子真挺完美的。

姜sir：晏殊的一生基本上幸福无忧，三十多岁就得到了别人一生追求的一切，此后的人生即使一度被贬官也一直是皇帝心中的亲信，这样的人几乎就是完美。同时，他还是宋朝文坛上地位很高的文人，被后人称为"宰相词人"，留下了"无可奈何花落去，似曾相识燕归来""昨夜西风凋碧树，独上高楼，望尽天涯路"等名句。

小Q：神童、皇帝的老师、宰相、大文豪，太厉害了！

姜sir：宋仁宗时期还有很多厉害的人物，其中一位和晏殊认识，能文能武，他是谁呢？我们下节见。

151　能文能武的范仲淹

各位同学,大家好,我就是那个人见人爱、花见花开、车见车爆胎的姜 sir。

大家好,我就是那个负责问问题的小 Q 同学。

姜 sir:"先天下之忧而忧,后天下之乐而乐。"

小 Q:什么一会儿忧,一会儿又乐的?

姜 sir:这是出自《岳阳楼记》的名句,意思是在天下人担忧之前担忧,在天下人快乐之后才快乐,就是吃苦在前,享乐在后。

小 Q:这不就是大公无私的精神吗?这话是谁说的?

姜 sir:就是宋仁宗时代的范仲淹。提到范仲淹,就得先说他刻苦读书的《划粥割齑(jī)》的故事了,那个时候范仲淹家里很穷,每天的饮食仅仅是一碗稀粥,范仲淹就把粥先冷却，然后分成四块，早晚各两块，再拌点咸菜，吃完继续读书，并且从不抱怨，只是专心读书。疲惫时以凉水洗脸，让自己清醒，日日夜夜都在用功学习。据记载，范仲淹5年没脱衣服睡觉，就是为了节省时间读书。

小Q：我发现很多名人都是既有天赋，又很努力。

姜sir：范仲淹用他的故事告诉我们：出身不代表未来，勤奋足以改变。后来，范仲淹的一个同学家里很富裕，实在看不下去了，就送了一些美食给他。范仲淹竟然一口不吃，直到这些美食都长毛坏掉。

小Q：这可太浪费了，人家好心好意送你的，范仲淹为什么不吃呢？

姜sir：范仲淹的理由是："我已经习惯喝粥的生活，一旦享用美食，我怕我以后吃不了苦。"到了1014年，宋真宗率领百官路过现在的河南商丘。整个城市都轰动了，人们争先恐后出来看皇帝，只有范仲淹不为所动，继续认真读书。有的同学就来劝他："快去看，这是个千载难逢的机会，错过就再也没机会了！"范仲淹说："将来再见也不晚，早晚还能见。"然后就继续读书了。

小Q：可真够自信的，相信自己一定能当官呗。

姜sir：果然，第二年范仲淹科举考中，当了官，见到了皇帝。1021年，范仲淹被调往现在的江苏省东台市附近做官。

他发现，当地海边上的堤坝已经很破了，遇上大海涨潮，海水经常会漫延到城里，所以范仲淹决定重修堤坝。

小Q：海边的堤坝不好修吧？

姜sir：范仲淹带领百姓克服困难，最终把数百里的堤坝修好了，大家给这个堤坝起名叫"范公堤"。后来范仲淹被调回首都，得到了晏殊的推荐，做了皇上身边的文学侍从。这个官职不但可以经常见到皇帝，而且能够提前知道很多国家机密。这个时候，范仲淹发现宋仁宗虽已成年，但国家大事依旧掌握在六十多岁的刘太后手中。

小Q：我猜范仲淹肯定是要反对刘太后。

姜sir：是的。范仲淹当时就写了奏疏提出意见，要求刘太后将国家权力交还给宋仁宗。

小Q：按照一般文人的情节，应该是被贬官了吧？

姜sir：范仲淹的确被贬官了。但3年之后，刘太后去世了。宋仁宗把范仲淹召回首都，让他做了言官。

小Q：言官是什么官？负责管人们说话的吗？

姜sir：言官就类似于唐朝的拾遗，没有什么实权，主要任务就是监督皇帝和各级官员的言行，负责挑错。

小Q：范仲淹最适合了，当年都敢挑太后的毛病。

姜sir：有一次，范仲淹去负责赈灾。回来后，还带回几把灾民吃不上饭的时候吃的野草，送给了皇帝，让皇帝也尝尝灾民吃什么。

小Q：也就是宋仁宗这个好人，换作别的皇帝，估计都得生气。

姜sir：后来范仲淹看到官员升官不公平，完全凭谁和宰相关系好，于是就做了一张《百官图》给宋仁宗看，让皇帝知道每一个官员是怎么升官的，直接指出宰相用人制度有问题。那宰相肯定会反驳，最终范仲淹又被贬官了。

小Q：啊？范仲淹是好心啊，宋仁宗贬错人了。

姜sir：当时宋仁宗还没有孩子，据传言，范仲淹曾关心过宋仁宗的继承人问题，讨论过让宋仁宗的弟弟还是侄子当太子的事。范仲淹虽然是好心，但宋仁宗不想让别人讨论继承人的事情，再加上宰相的各种攻击，结果范仲淹就被贬官了。当时有个朋友写了一首《灵乌赋》送给他，告诉范仲淹："你就是太敢说了，说的话都被当作乌鸦不祥的叫声，以后你可得管住嘴，只管做官。"范仲淹立刻回复他："不管人们怎样厌恶乌鸦的声音，我都要一直说，不会沉默的。"

小Q：感觉范仲淹很固执，我就是我，绝不改变。但感觉很难被重新重用。

姜sir：后来一桩重大事件震动了全国，改变了范仲淹的命运。西夏调集10万军马，进攻宋朝边境。由于三十多年宋朝没怎么打过仗，宋朝一败再败。经韩琦举荐，51岁的范仲

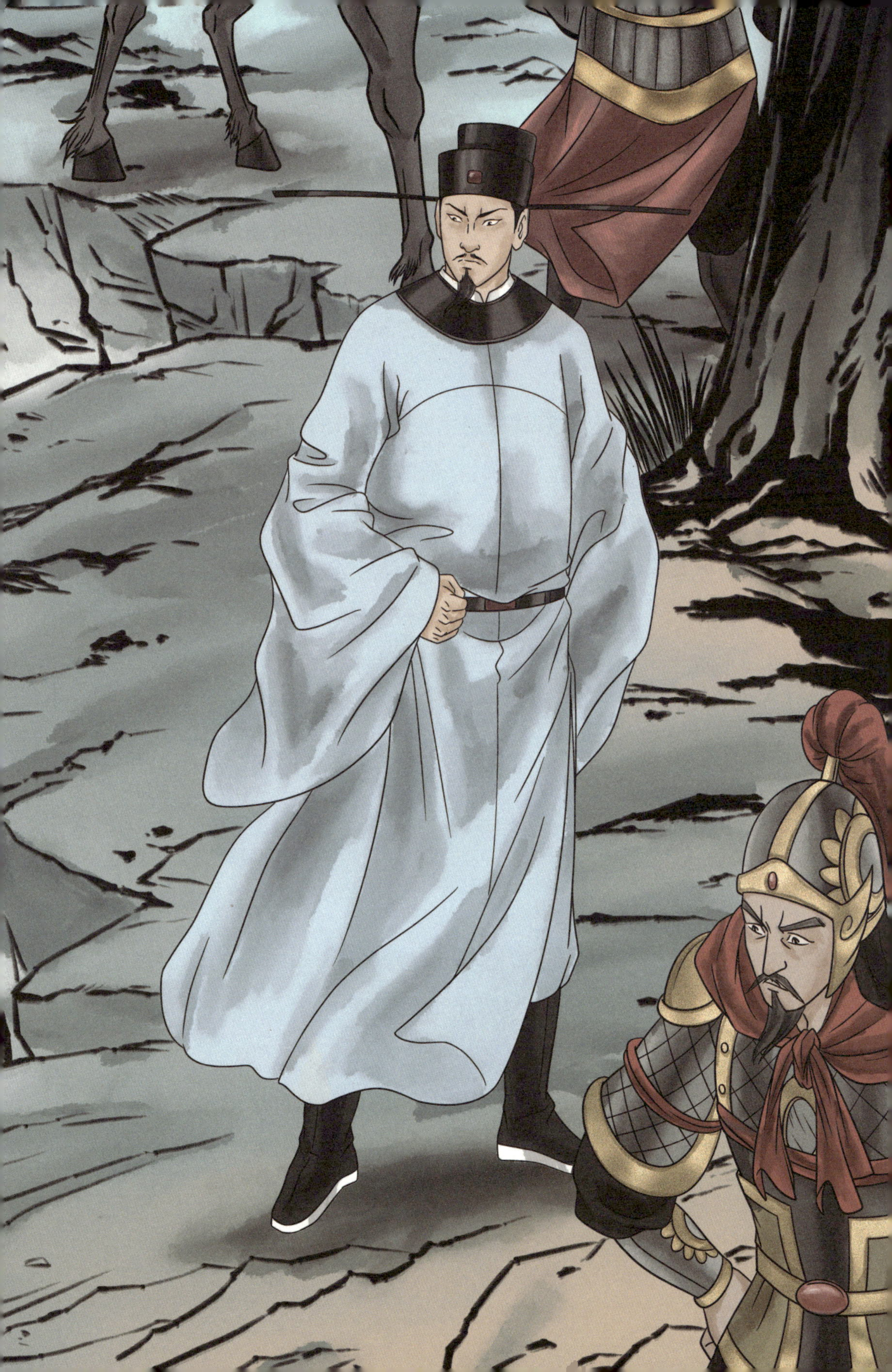

淹与韩琦一同对付西夏。在对付西夏的过程中，范仲淹主张先坚持防守，有合适的机会再进攻，可当时朝廷很多大臣的想法是坚持要进攻的，甚至范仲淹当时被人说胆小。

小Q：那说胆小的去进攻，如果赢了，就说明人家范仲淹错了呗。

姜sir：宋仁宗就采用了主动出击的建议，结果打败了。这时候决定采取范仲淹防守的策略。最后证明，范仲淹的战略是最佳方案。在范仲淹和韩琦的主持下，四路立体纵深攻防体系构筑完成，西夏再也不敢轻易进攻。当时老百姓都说："军中有一韩，西贼闻之心骨寒；军中有一范，西贼闻之惊破胆。"

小Q：范仲淹不但是个大文豪，还是个军事家。

姜sir：范仲淹可以说是文能写红一座楼，武能镇住一个国。

小Q：一座楼就是《岳阳楼记》里的岳阳楼，一个国就是西夏。

姜sir：但范仲淹压根儿没去过岳阳楼。

小Q：啊？我还以为是他在游览岳阳楼之后，才写下这脍炙人口的名篇的。

姜sir：有一种说法是范仲淹的好朋友重修了大名鼎鼎的岳阳楼。竣工之后，他写信给范仲淹，请他作记，并奉上《洞庭秋晚图》一幅以做参考。范仲淹感怀好友的功绩，仅凭一张画，便写下了千古名文《岳阳楼记》。

小 Q：太厉害了。

姜 sir：范仲淹还写过希望唤起人们对民生疾苦注意的《江上渔者》："江上往来人，但爱鲈鱼美。君看一叶舟，出没风波里。"在主持西夏防务的时候，范仲淹还写下了《渔家傲·秋思》："浊酒一杯家万里，燕然未勒归无计。羌管悠悠霜满地。人不寐，将军白发征夫泪。"1044 年，宋朝与西夏正式达成和议，恢复了和平，西北局势得以转危为安。而范仲淹也被调回了京城。宋仁宗决定改革，他让范仲淹拿出改革方案，范仲淹会提出什么样的改革方案呢？能否成功呢？我们下节见。

152 庆历新政

> 各位同学,大家好,我就是那个人见人爱、花见花开、车见车爆胎的姜 sir。

> 大家好,我就是那个负责问问题的小 Q 同学。

姜 sir:上节我们提到宋仁宗要改革,让范仲淹写方案,看着皇帝渴望的眼神,范仲淹把自己 28 年的工作经验都用上了,写出了著名的新政纲领《答手诏条陈十事》,提出了十项改革主张,里面就写出了改革的必要性,就是"历代之政,久皆有弊,弊而不救,祸乱必生"。意思就是所有的政策,时间长了就会有问题,有问题如果不及时改,就会有祸乱产生。

小 Q:我同意这个观点,不能守着老祖宗留下的政策一点都不改。

姜 sir:范仲淹这封奏疏在中国改革史上非常有名。宋仁宗看到范仲淹的报告，特别高兴，绝大部分予以通过，同时补充细则，全国执行。这就是历史上的"庆历新政"。

小Q：那就是几乎按照范仲淹的意见去改的，都改什么了？

姜sir：首先就针对了"门荫"制度。

小Q：什么是门荫，我就听过树荫。

姜sir：还真有点类似，俗话说"大树底下好乘凉"，比喻有所依托，事情就好办。门荫就是依靠祖辈、父辈的地位而使得子孙后辈在入学、当官等方面享受特殊待遇。

小Q：这个也得看情况，要是家人为国做出重大贡献，甚至牺牲了生命，有点特殊待遇是应该的。

姜sir：这种制度其实在汉朝就已经开始广泛地推行，叫"任子制"。很多官员的孩子整天只知道吃喝玩乐，只需要依靠自己的父母家族，他们就能够享有非常多的福利政策。

小Q：这就有点不公平了，就没有哪个皇帝去解决这事吗？

姜sir：即便这种制度早在汉朝时期就已经出现了很多不利因素，但是由于门荫制度涉及的是贵族大臣官员的利益，是不可能随意废除的，所以才一直保留，即便是有了科举选官制度，门荫制度依然能够存在于这个社会上。到了宋朝时期，这种制度的福利还变多了。门荫制度下，补充的官员人数甚至比科举制度所选择的官员人数还要多。

小Q：这个太不公平了，谁能保证他们能治理好国家呢？

姜sir：这种制度下所任用的官员，一般不会被安排到一些重要的岗位上，这也是宋朝和其他朝代不同的地方。但是他们要拿工资的，国家的负担也会变重，所以范仲淹要改革，打击门荫制度。同时，明察暗访各级各地官员，提拔有才干的官员，处分撤职不合格的官员，范仲淹经常大笔一挥，把贪官的名字抹掉。有人就劝他："一笔，焉知一家哭矣！"意思是一笔勾了人名容易，可你知道不知道这个人全家都在哭！范仲淹的回答成了历史名言："一家哭何如一路哭！"意思是一家哭总比一个地区都哭要好！

小Q：范仲淹这样的官员真是太好了，但会不会得罪很多人？

姜sir：当然了。很多官员开始串通，组织力量策划除掉范仲淹。

小Q：可范仲淹做得那么好，不会被轻易抓住把柄吧？

姜sir：范仲淹没有，但支持范仲淹改革的大臣有。于是，支持范仲淹的一批人就让人抓住了把柄。有些官员就告范仲淹等人搞非法组织，涉嫌党争。而皇帝最害怕的，就是大臣之间结成党派，最终可以对抗皇权。宋仁宗就曾多次下诏指示大臣不可以出现党派，所以范仲淹逐渐失去了宋仁宗

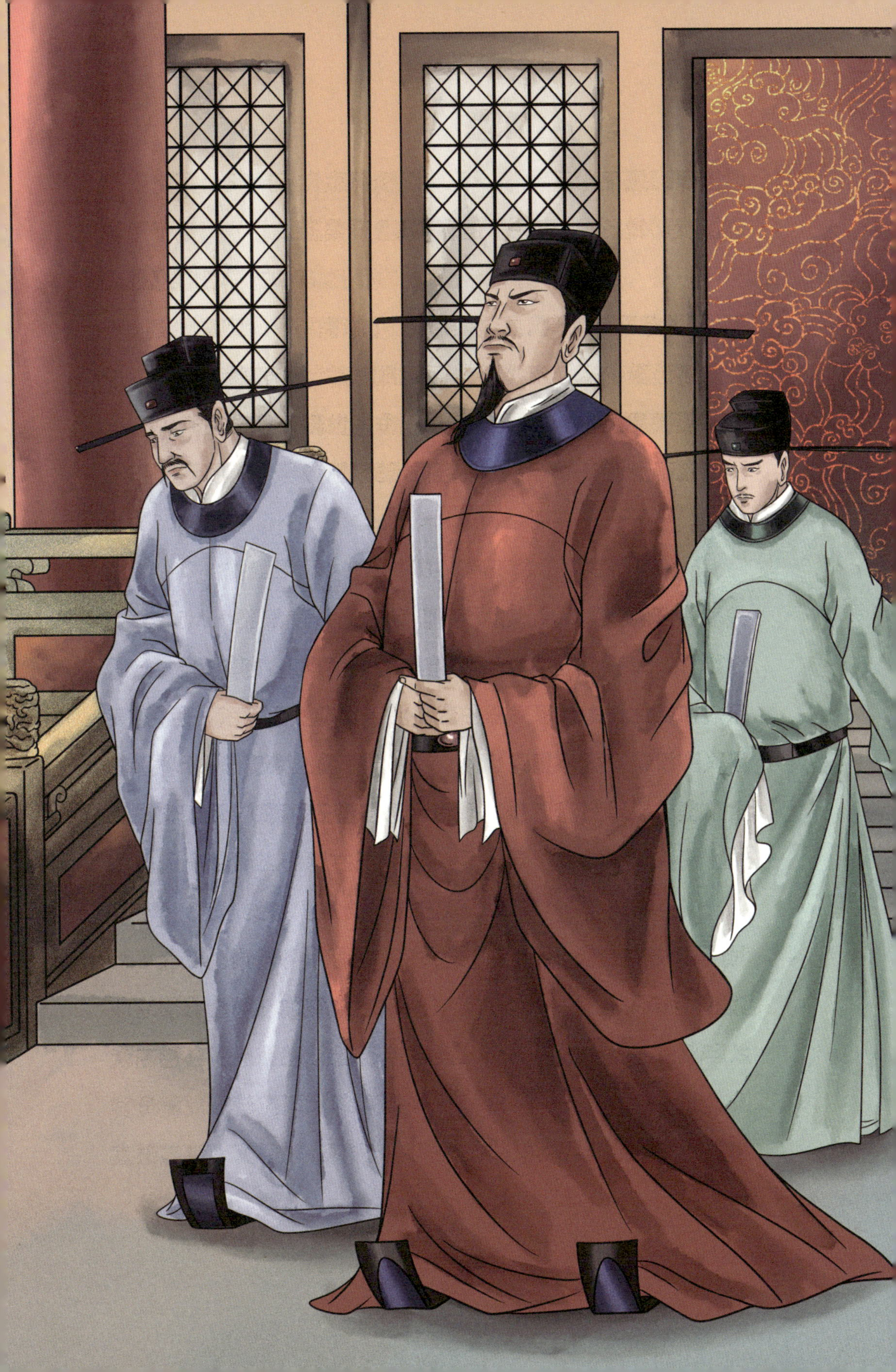

的信任。

小Q：宋仁宗就这么相信了？

姜sir：这就叫"异论相搅"，是始于宋代的一种强化皇权，维护皇权的政策，就是让大臣相互制衡，中心原则是让派别不同、无法相容的大臣共事，互相监视。避免某派势力过大，进而动摇皇室的地位。这时候37岁的欧阳修就站出来了，写了一篇《朋党论》呈给宋仁宗，承认大伙儿的确都在结党。但不是为了自己，而是为了国家的党派，争议的党派。欧阳修提出，皇帝应当分清楚什么是君子之党、什么是小人之党。

小Q：欧阳修说得真好。

姜sir：你有你的道理，但这么理直气壮地宣告结为朋党，几乎等于自杀。宋仁宗看了这篇《朋党论》后表示，明白了，别人结没结党我不清楚，但你欧阳修、范仲淹等人可是承认结党了。这篇文章之后，政治局势急转直下，庆历新政也发生了转折。再加上朝廷内外反对改革的声音连成一片，范仲淹被迫离开首都。朝廷中的反改革势力趁机猛烈进攻范仲淹，宋仁宗的内心开始全面动摇。11月，宋仁宗下诏再次强调"至治之世，不为朋党"。1045年，范仲淹被贬官，欧阳修也被贬官。之后不久，新政大部分措施陆续停止，庆历新政仅一年多就失败了。

小Q：看来改革这事，要是没有皇帝从头到尾的支持，很难成功。

姜 sir：范仲淹后来被调到杭州时，已经 60 岁了。他变卖家产购置千亩田地送给范氏族人，用来资助家族的贫困户。一直到了 62 岁，范仲淹身体越来越差，感觉生命就要结束了，便向宋仁宗呈上《遗表》。他关心的还是国家，而对于自己的后事，一个字都没提。范仲淹死后，朝廷为表彰范仲淹卓越的一生，将大臣最高级别的"文正"谥号，赠给了范仲淹。

小 Q：文正是什么意思？

姜 sir：能够被赐予"文正"的官员，活着的时候不仅品德高尚，有才华，还得对待工作尽职尽责，同时还要忠君爱民。而范仲淹全部做到了。虽然出于现实原因，范仲淹的政治理想在他所处的那个时代难以推行，但他的"先天下之忧而忧，后天下之乐而乐"的精神影响了众多后来的读书人，包括当时替他说话的欧阳修。那欧阳修贬官后又做了什么呢？我们下节见。

153 "六一"不一定是儿童节？

各位同学，大家好，我就是那个人见人爱、花见花开、车见车爆胎的姜 sir。

大家好，我就是那个负责问问题的小 Q 同学。

姜 sir：上一节我们说到庆历新政的失败，范仲淹被贬官，而为他打抱不平的欧阳修也被贬官了。范仲淹被贬官后写下了《岳阳楼记》，而欧阳修也写下了经典的《醉翁亭记》。

小 Q：《醉翁亭记》……怎么感觉充满了酒的味道呢？

姜 sir：欧阳修的号就是"醉翁"。因为他"饮少辄（zhé）醉"，喝一点就容易醉，同时跟他一起喝酒的人当中，他"年又最高"，年纪最大，所以是"翁"。这个号就来自《醉翁亭记》。但欧阳修喝酒不是目的，叫"醉翁之意不在酒，在乎山水之间也"。意思是喝酒的目的在于欣赏山里的风景，所以成语"醉翁之意不在酒"的意思就是，本意不在此而在别的方面。

小Q：原来是这样，我还以为欧阳修被贬官后，心情不好，才天天喝酒呢。

姜sir：欧阳修还有一个号就是"六一居士"。

小Q：欧阳修还喜欢"六一"儿童节？

姜sir：我们国家最早的"六一"儿童节是1932年4月4号，到1935年儿童节正式确立，成为全国性节日。后来到了1949年12月，我们将儿童节改为6月1日。

小Q：也就是说，1950年才开始第一个"六一"儿童节。那欧阳修肯定不知道，可他为什么号"六一居士"？

姜sir："六一居士"的来源是欧阳修晚年特别爱的家中六件事物，"藏书一万卷，集录三代以来金石遗文一千卷，琴一张，棋一局，而常置酒一壶"。

小Q：这才五个一啊。

姜sir：还有欧阳修自己——一个老头。但就是这个老头，苏轼父子、王安石、曾巩，都得管他叫一声老师。

小Q：我现在对"醉翁"欧阳修越来越感兴趣了。

姜sir：欧阳修很小的时候爸爸就去世了，母亲把他养大，小时候家里穷得连支笔都买不起，只能拿根草在沙滩上写写画画。后来科举考试考了两次都没有考中，直到23岁考中了，因为太优秀，所以本可以是第一名，但考官只给了第十四名。

小Q：什么？太优秀不应该给高名次吗？还能降下来？

姜sir：当时的考官就是晏殊，晏殊认为欧阳修锋芒太过显露了，必须挫一挫他的锐气，让他能稳下来。

小Q：这样啊，也是为了欧阳修好，也算考上了。

姜sir：成绩也不错，于是欧阳修就结婚了。

小Q：等会儿，不应该是当官吗？科举考试和结婚有什么关系？

姜sir：在宋朝的时候，有一个"榜下择婿"的习惯，就是那些官员可以在新考上的进士当中挑选一个自己特别满意的，然后把女儿嫁给他。因为在宋代以前，人们择偶十分注重门第，但随着科举制度的冲击，这种门第观念逐渐变淡。宋代科举制度的完善，使真才实学的寒门学子有了脱颖而出的机会，这才逐渐改变了社会风气，所以金榜题名者常常成为一些人家择婿争夺的目标。

小Q：欧阳修也成家了，科举也考上了，马上也要当官了，挺好的人生。

姜sir：接下来欧阳修到了洛阳工作，那是他人生特别美好的一段回忆，每天几乎不用工作，就是游山玩水，写作品。

小Q：还有这好事，他的上司能同意吗？

姜sir：他的上司不但同意，还大力支持。有一次，欧阳修去嵩山玩，结果晚上下雪了，这个时候上司就派人来了，

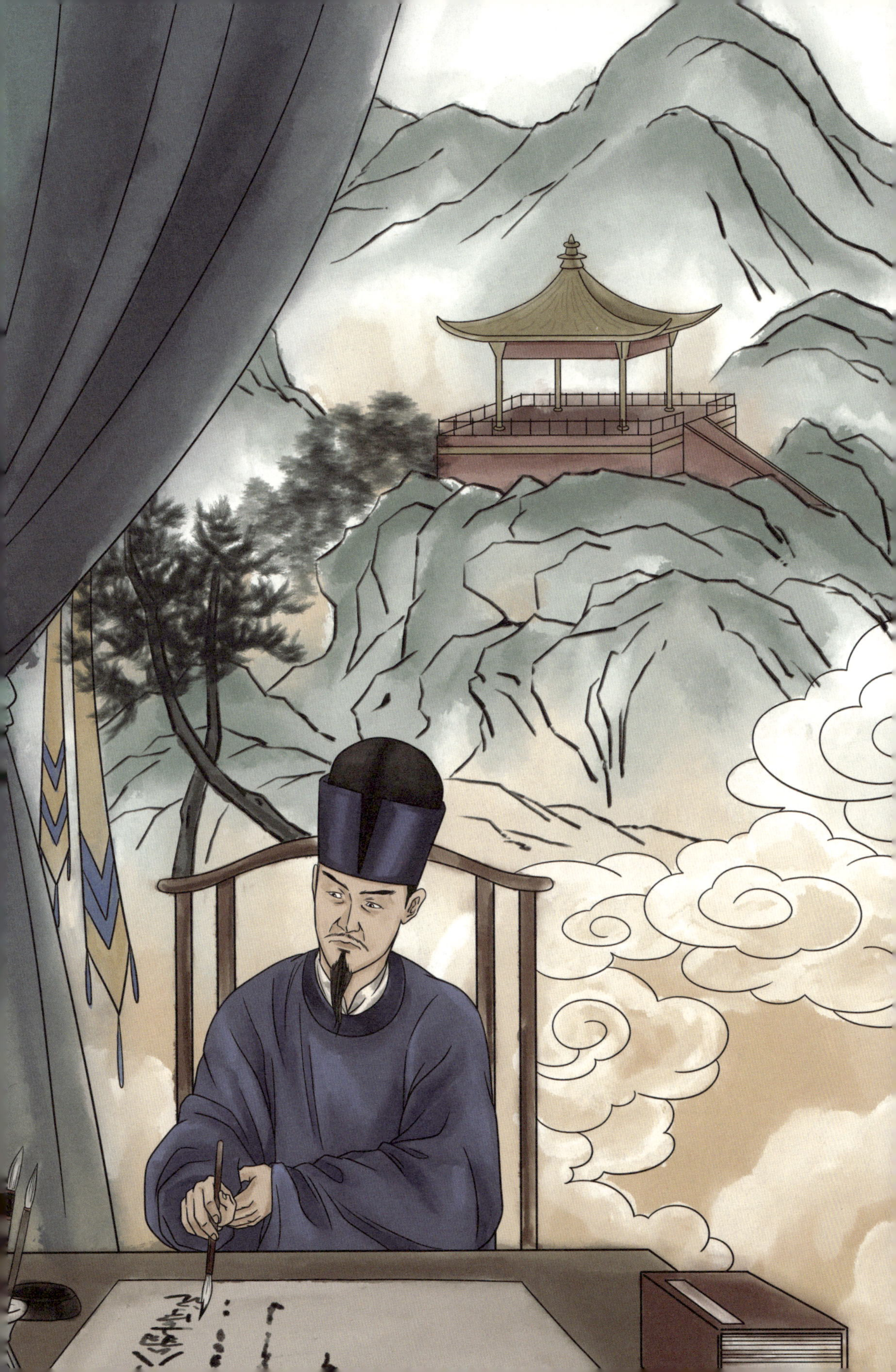

还带来了厨师，并且告诉欧阳修他们："不用急着上班，活儿都派人替你们干了，只管欣赏美景，多作几首好诗回去就行。"所以欧阳修对洛阳的诗歌文章都是充满赞美，比如"曾是洛阳花下客，野芳虽晚不须嗟"。

小 Q：换作我，也喜欢这段经历。

姜 sir：后来的欧阳修替范仲淹说话，被贬官了，而这个时候，他的第二任妻子去世了，欧阳修的心情非常不好，在元宵节的晚上写下了"月上柳梢头，人约黄昏后"的名句。接下来欧阳修慢慢走出了悲痛，将当地治理得非常好，同时写下了著名的《醉翁亭记》。这个时候的欧阳修，开始了对文学的贡献，他要像当年的韩愈一样，去复兴文学。可以说欧阳修是北宋"古文运动"的领袖，他的词注重抒发个人感受，他的散文语言通俗易懂，平易近人，他的论文逻辑严谨。欧阳修的抱负、眼界、胸怀，都被当时以及后人称赞，所以被称为"北宋文坛领袖"。

小 Q：地位好高啊。

姜 sir：欧阳修晚年不贪图富贵，不迷恋官位，从61岁开始就上书皇帝，请求退休，到64岁时才被批准退下来，最后欧阳修在65岁去世了，而他也将自己文学改革的事业交给了自己的一个学生，这个学生20年后的确成为文坛的领袖。这个学生是谁呢？我们下节见。

154 一门父子三词客

姜 sir： 各位同学，大家好，我就是那个人见人爱、花见花开、车见车爆胎的姜 sir。

小 Q： 大家好，我就是那个负责问问题的小 Q 同学。

姜 sir： 上节我们说到欧阳修对整个宋朝文坛的贡献，而当他读到一个学生的文章时，便大声地说："老夫当避路，放他出一头地也！"意思就是我得让位喽，这位同学要出人头地喽。成语"出人头地"就是出自这里，指高人一等，形容品德、才华超众或者指成就突出。

小 Q： 谁这么优秀？能得到欧阳修这样的称赞。

姜 sir： 这个人是个文学家，是唐宋八大家之一，开创了宋词豪放派的写作风格，写了三千多首诗词。他还是个书法家，被称为"宋朝书法四大家之一"。他还是一个画家，他画的《木石图》为旷古之作。他也是一个音乐家、教育家，足迹遍布中国大江南北，在14个城市做官并且做得都不错。

小Q：这是全才啊，这人到底是谁呢？这么厉害。

姜sir：他就是出生于四川的苏轼，他的父亲是苏洵，弟弟是苏辙，后人也把他们三个并称"三苏"。

小Q：我听说苏轼的名字和车有关，是吗？

姜sir：小Q知道得还挺多。当初古人发明车时，"轼"作为车上一个装饰品而存在。久而久之，人们把它看作车必不可少的一部分。苏洵说，给儿子起名苏轼的原因是希望他能懂得装饰一下自己。苏洵担心儿子做人做事太过坦诚，能适当地掩饰一下自己的真心。

小Q：那苏辙呢？

姜sir：车辙就是马车行驶后在泥土地上留下的痕迹。车辙不是车的一部分，也不发挥作用，人们在谈起车的功劳时不会想到车辙。同样，车马出了问题，也不会把责任归结到车辙身上。这是苏洵对苏辙的美好祝愿，不希望他一定能在历史上千古留名，只希望在遇到祸患的时候，能够逃脱灾难。

小Q：父母给孩子起名，真是用心。

姜sir：后来苏洵带着苏轼、苏辙进京参加科举考试。当时的主考官就是文坛领袖欧阳修，就有了这一节最开始的称赞。在欧阳修的各种称赞中，可以说当时苏轼是几乎无人不知，

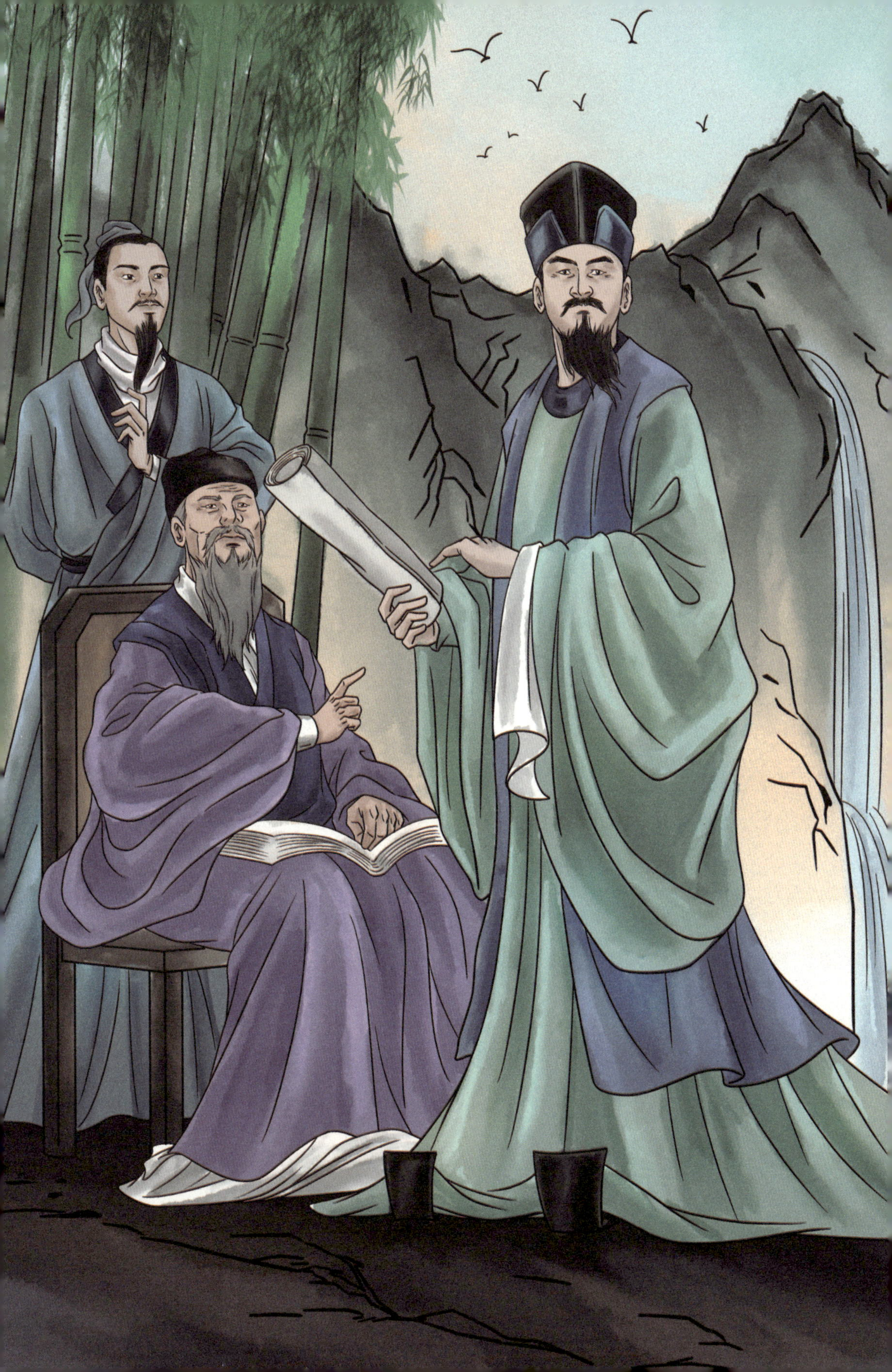

无人不晓。

小Q：苏轼应该马上当官，施展才华。

姜sir：就在这个时候，苏轼的妈妈去世了，而苏轼需要回家去守孝。说到苏轼的妈妈，那可真是一位伟大的女性。苏轼、苏辙兄弟的前期教育，实际上是靠他们母亲程夫人来完成的。就连苏洵，也是在结婚后开始学习读书。

小Q：怎么感觉苏轼的妈妈在教育自己儿子的同时，顺便把丈夫也教出来了。

姜sir：苏轼、苏辙兄弟俩在母亲的教育下，小小年纪就读了很多书。从苏轼和苏辙的回忆中，可以看出妈妈早期的教育对两兄弟产生了深远的影响。苏轼在《记先夫人不残鸟雀》一文中回忆：小时候，母亲严格告诫孩子和家中的侍女不得捕捉鸟雀。几年之后，鸟雀知道在他们家庭院里不会受到伤害，有的就在庭院的树枝上筑巢。于是，书房、院落中，竹柏丛生，杂花满院。美丽的桐花凤鸟三三两两飞聚于桐树上，与主人和睦相处。

小Q：妈妈对苏轼的影响，不仅仅是读书学来的知识，而更多是性格、品质层面的。

姜sir：苏轼曾经就说过这样一句话："吾上可陪玉皇大帝，下可以陪卑田院乞儿，眼前见天下无一不好人。"意思就是我高高在上时可以陪同玉皇大帝，我入尘埃时也可陪伴收容贫民之处的乞丐，在我眼中天底下没有一个不是好人。可见苏轼拥有一颗阳光美好的心灵。

小Q： 看来最好的教育，就是家庭给予孩子的。

姜sir： 据记载，苏轼小时候和母亲读《后汉书》，苏轼为书中的母子不畏强暴，为了正义而敢于去死的崇高精神深深地感动，苏轼就问妈妈："妈妈，我长大之后，如果也做这样正义的人，您愿不愿意？"妈妈说道："你都能做到，难道我不能做书中的母亲吗？"正是因为苏轼的妈妈从小就告诉苏轼要有正义感，所以苏轼在接下来的做官的路上，一直坚持着正义。同时苏洵对苏轼两兄弟的教育也很严格，苏洵喜欢跟兄弟两个讨论历史，特别是历朝兴衰的原因，培养他们有独立的见解，还要遍读经史百家。

小Q： 那苏轼会不会因为坚持正义而得罪一些人呢？

姜sir： 不久后，震动全国的王安石变法开始了。苏轼还有欧阳修因为反对变法与新任宰相王安石不和，被迫离京。王安石为什么变法？变法又能否成功呢？我们下节见。

155 给宋朝动手术

各位同学,大家好,我就是那个人见人爱、花见花开、车见车爆胎的姜 sir。

大家好,我就是那个负责问问题的小 Q 同学。

姜 sir:上节我们说到苏轼、欧阳修都反对王安石变法。那王安石为什么变法呢?就要从宋朝的积贫积弱说起,宋朝建立后不久就一直陷入积贫积弱的状态。积贫是国家财政收入不足,积弱是军事力量很弱。

小 Q:军事力量弱是因为重文轻武,财政收入怎么会少呢?是税收少吗?

姜 sir:宋朝的财政收入在历朝历代中算是很高的,但就是不够用。

小 Q:收入高,怎么不够用呢?到目前为止,宋朝也还没出现昏君呢。

姜 sir：收入高，支出也高，钱不够花啊。当初宋太祖赵匡胤为了稳定国家，扩充了政府机构，在宋朝前五十年间，官员数量增加了10倍，同时朝廷给官员发放很高的薪水，还有交出兵权的那些将军也有很高的收入待遇。到了宋仁宗时期，宋朝的国库已经几乎没有钱了。

小 Q：钱都花这儿了啊。

姜 sir：同时土地问题也出现了，一些土地都被贵族、地主拿走了，很多农民没有了土地。虽然和辽国之间不打仗了，但威胁还是在的，总不能不防着。还有西夏的威胁呢，军队也需要变大强大。所以无论是对内还是对外，宋朝都需要改革了。

小 Q：当年范仲淹的庆历新政要是没叫停就好了。

姜 sir：宋仁宗时期的庆历新政执行不到一年就结束了，所以这些问题并没有得到解决。1063年，宋仁宗去世，他的养子宋英宗继任。

小 Q：养子？宋仁宗没有孩子吗？

姜 sir：宋仁宗有三个儿子，但都去世得早，所以曹皇后，也就是后来的曹太后，将宋仁宗堂兄赵允的第十三个儿子在3岁的时候召入皇宫，当作自己的儿子抚养。但宋英宗在位只有5年，35岁就去世了。这时候皇位传到了宋神宗这里，19

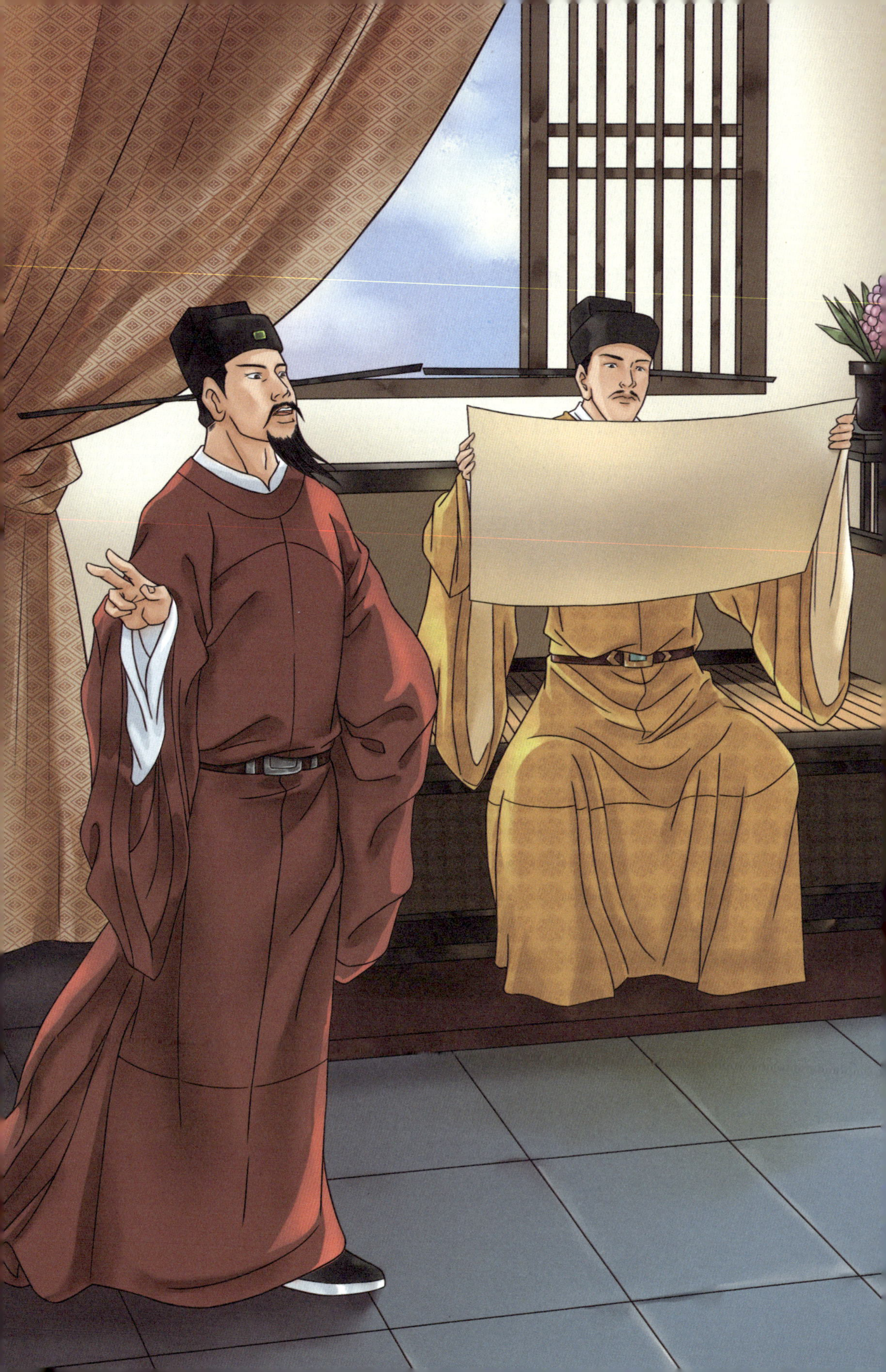

岁的宋神宗是一位发奋好学、勤于政务的青年皇帝。对于国家内忧外患的局势，他极为不满，说"天下弊事至多，不可不革"，国家必须进行改革。宋神宗又特别欣赏一个人，就是王安石。

小Q：我背过王安石的诗。

姜sir：王安石是一个诗人，写过很多经典的诗句，比如"春风又绿江南岸，明月何时照我还？""不畏浮云遮望眼，自缘身在最高层。"等等。同时王安石还是一个改革家。早在1058年，他就对宋仁宗提出了自己的改革主张，但是没有得到采纳。1067年，宋神宗即位，王安石得到重用，负责推行变法，史称"熙宁变法"。

小Q：我现在开始对变法的一些内容感兴趣了，就想看看这些改革家是怎么给国家做"手术"的。

姜sir：王安石变法与范仲淹的庆历新政的做法不同，他从"理财"和"整军"入手。王安石认为国家财政贫困的根源不在于花得多，而在于赚得少，所以要动员所有劳动力都从事农业生产，发展经济。同时整顿军队，加强边区守卫。

小Q：听着挺好的，就是针对积贫积弱去解决的。

姜sir：从1069年起，王安石制定和颁布了新政，其中的均输法和市易法，都是历史上有过的经验，这两项改革打击了那些低价从农民手里买，又高价卖出的商人，同时还增加了国家财政收入，也减轻了农民负担。

小Q：这两项听着很好啊，这不就让国家变得逐渐富有了吗？

姜sir：还有青苗法，就是在青黄不接时期，国家借给农民钱。

小Q：什么是青黄不接的时期？

姜sir：原有的粮食已经吃完，新的粮食还没成熟，没有饭吃了。在过去，农民在青黄不接的时候，往往会向商人、地主借钱，但人家不会白借给你的，要收很高的利息，要还更多的钱。但青苗法一实行，国家收的利息远低于这群商人的利息。所以青苗法能够暂时给农民提供资金，同时增加了国家财政收入。

小Q：青苗法听着也很好。就是那群商人、地主估计会不高兴。

姜sir：还有农田水利法，施行7年之后，全国共修水利工程10700多处，灌溉民田面积36.1万多顷，官田面积1900万余顷。这对农业生产的发展起到了有力的促进作用。将兵法也称"置将法"，在全国各军事要地共设置92将，每将领兵3000左右。选择武艺高超、作战经验丰富的人担任主要将领，进行修整武器，训练军队，加强边防力量。改变了过去那种"兵不知将,将不知兵"的混乱状况,提高了军队的战斗力。

小Q：那我就有个疑问了，欧阳修、苏轼为什么会反对这种变法呢？

姜sir：王安石的变法就是让地主、富人出更多的钱，减轻农民的负担，同时增加国家的财政收入。这样的政策，有利于社会公平。可这样的变法为什么遭到了司马光、欧阳修、苏轼、苏辙等众多政坛、文坛名人的反对呢？我们下节见。

156 凌寒独自开

姜 sir：各位同学，大家好，我就是那个人见人爱、花见花开、车见车爆胎的姜 sir。

小 Q：大家好，我就是那个负责问问题的小 Q 同学。

姜 sir："爆竹声中一岁除，春风送暖入屠苏。千门万户曈曈日，总把新桃换旧符。"

小 Q：这不是王安石的《元日》吗？

姜 sir：这就是王安石在变法前写的诗歌。新桃换旧符，明显表明要用一系列新政去替换旧的制度，但王安石变法遭到了那些贵族官僚的反对。其实能够预料到，毕竟历史上每一次变法都是这样，但与他同样一心为国为民、一身正气的欧阳修、苏轼、苏辙却为什么反对他呢？

小 Q：难道王安石损害了那些人的利益？

姜 sir：其实这些人反对的不是变法，而是反对变法的具体措施。比如王安石的青苗法，贷款给老百姓，苏轼就反对。苏辙认为青苗法虽表面有利于农民，其实是在害农民，一旦地方的官员是贪官污吏，有了青苗法，就可以合理合法地去剥削老百姓。还不如实行原有的常平法，常平法就是粮食便宜时国家用正常价买入，粮食贵时国家按照平常价卖出。这样一来，更有利于百姓。

小 Q：原来他们和王安石有不同的改革方法，并不是私人仇恨。

姜 sir：总的来看，不管是主张变法的王安石，还是强烈反对王安石变法的司马光，抑或是反对王安石变法部分内容的欧阳修、苏轼，他们都是希望国家富强，百姓安居乐业。只不过想法不一样。

小 Q：那王安石变法到底有没有用？

姜 sir：王安石推行的变法，历来就有各种不同的声音，有的称赞，有的批评，一直没有统一的意见。批评的认为王安石把财政和农业生产联系起来，但真正称得上发展农业生产的，只有农田水利一项，而其他的大部分，用反对派的话说，就是替国家收钱、敛财，其实老百姓并没有得到多少好处。表扬的认为王安石变法是先进的、合理的，只不过里面涉及的经济学知识和思想太超前，当时没几个人能理解。同时受

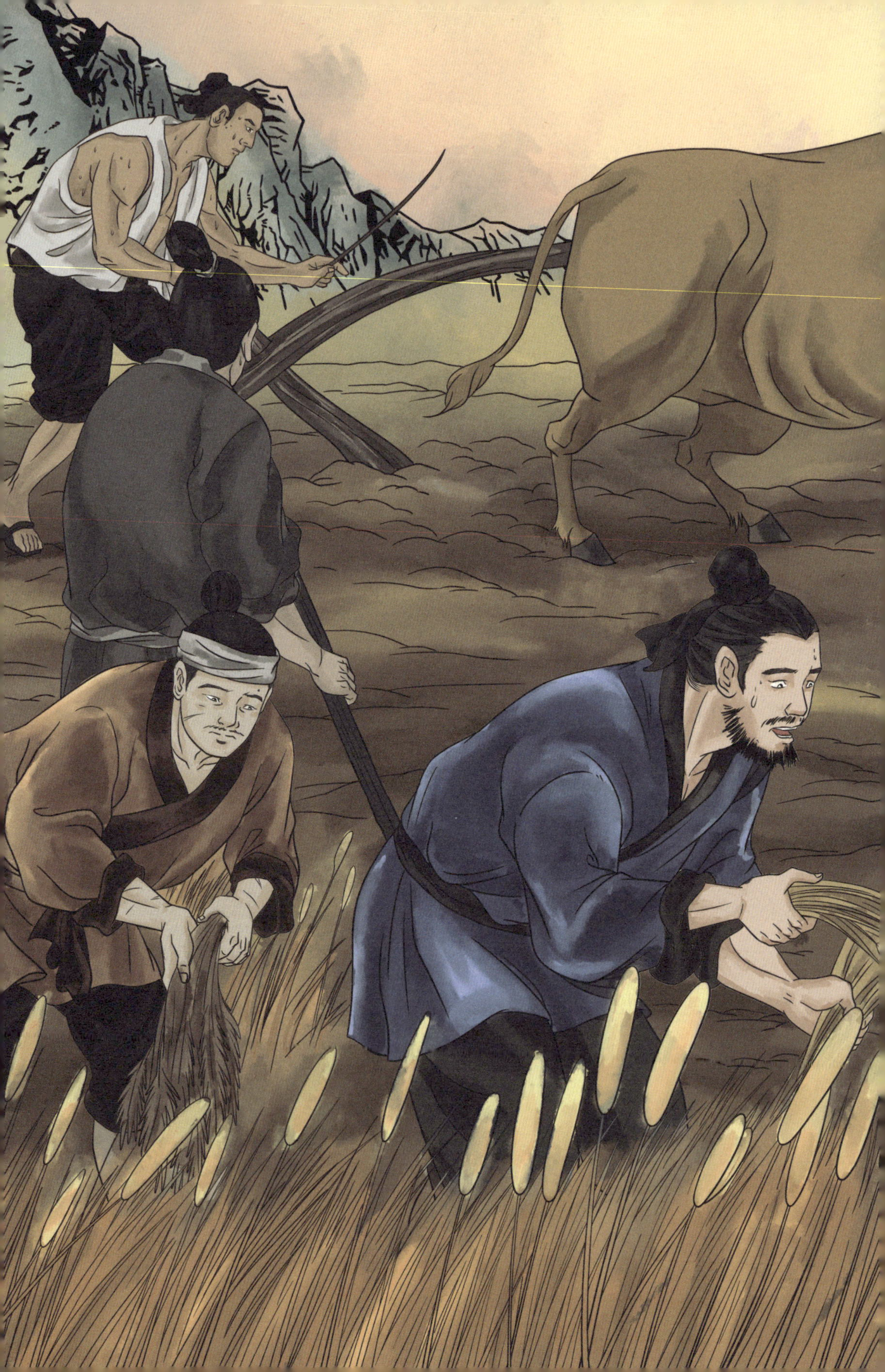

到了那群贵族、官僚的反对，以及官员的不配合，最后惨淡收场。

小Q：估计反对王安石的力量应该非常大。

姜sir：改革的动作越大，反对的力量就越大。比如王安石改革了科举考试，打破了常规考试的传统，注重人才的实际能力，选拔具有一定能力的人才管理国家。从前，科举考试内容十分重视诗歌的韵律、对仗、用典等，追求形式美。而王安石科举改革以后，科举考试内容注重考生用儒家思想来解决实际问题的能力。

小Q：我觉得挺好的，就应该选拔能真正治理国家的。

姜sir：可改革要考虑现实，很多寒窗苦读的文人，因为考试科目的更改，十几年的苦读都白费了。他们一定会反对王安石的。

小Q：我明白了，王安石的革新太快了，动作太大，支持的人又少，理解的人也少。

姜sir：后世人评价青苗法，那几乎就是建立国家农业银行，可那个年代的官员，都是读孔孟儒家出身的，哪有人懂银行、懂经济。在变法实施过程中，一些地方官员乘机从百姓身上贪污，有些地区的百姓负担反而加重。

小Q：地方官员怎么能乘机贪污呢？

姜sir：用被苏轼批评的青苗法举例子，王安石在地方做官时曾经做过实验，效果不错，但是推行到全国时却失败了。农民们在去申请青苗法的贷款，填写申请书的时候，很多农民不识字，因此就要花钱请人写，再拿到官府去申请，碰到贪官，人家不批准，就要多拿钱出来反复申请，所以农民的负担更重了。

小Q：唉，所有官员不能去执行变法政策，真是没有用。

姜sir：1085年，宋神宗去世，宋哲宗即位，由太皇太后高氏帮着治理国家。高太后在宋神宗时就强烈反对变法，所以决定全面废除新法。轰轰烈烈的王安石变法就这样结束了。心灰意冷的王安石选择了隐居乡村。十几年变法就这样结束叫停了，王安石的心情久久不能平静，他写了一首诗来表达自己不惧困难。在王安石心中，即便自己失败了，也无怨无悔："墙角数枝梅，凌寒独自开。遥知不是雪，为有暗香来。"

小Q：这首《梅花》和王安石变法前写的《元日》区别好大。

姜sir：这就是历史上争议非常大的变法——王安石变法。很多人的人生都因此发生了改变，苏轼当年也因为反对变法而做出了重大转变，苏轼当年发生了什么呢？我们下节见。

157 发牢骚的后果

各位同学，大家好，我就是那个人见人爱、花见花开、车见车爆胎的姜 sir。

大家好，我就是那个负责问问题的小 Q 同学。

姜 sir：王安石变法最终没能解决宋朝积贫积弱的现象，但很多人因为这场变法改变了人生，其中就有苏轼。原本苏轼要在官场上施展才华的时候，母亲和父亲先后去世了。1069 年，苏轼回到朝中做官。但是，王安石已经开始了变法。

小 Q：苏轼是被贬官的吗？

姜 sir：那还得从一次科举考试说起，当时苏轼是考官，那次的考生知道皇帝和宰相都是主张变法的，所以在考卷中，他们个个都在写变法的伟大，变法多好。甚至有一个考生为了夸变法的伟大，说原有的旧制度什么都不是，得赶紧换。

苏轼直接取消了这个考生的考试成绩。

小Q：就是，不能为了称赞变法好，把原来的制度就彻底否定了呀。

姜sir：但没想到主考官竟然将这份"拍马屁"的试卷评了第一名。这让苏轼知道了："我这暴脾气，我不能忍。"就写了一篇文章《拟进士对御试策》，指出了对变法的不满。后来又几次去提出反对的意见，提出王安石变法太着急了，会带来许多社会问题。但那个时候的朝廷，欧阳修几乎归隐山林间了，曾巩被贬官了，司马光专心写书去了，能帮助并且支持苏轼的人太少了。于是苏轼"自请出京"，朝廷既然不重用我，那我就走，我去地方做官。第一站就是杭州。

小Q："上有天堂，下有苏杭"，杭州这么美，苏轼肯定喜欢。

姜sir：苏轼一共来过杭州两次，第一次是1071年到1074年，是因为反对王安石变法；第二次是1089年到1091年，是因为在朝廷里遭到其他官员的诬陷，所以苏轼再次来到杭州。可以说，在杭州的日子是苏轼人生中最快乐的日子。苏轼的一句"欲把西湖比西子，淡妆浓抹总相宜"，西湖从此有了"西子湖"的美名。后人评论说："除却淡妆浓抹句，更将何语说西湖？"历代写西湖的诗，几乎没有能超过苏轼这句的。

小Q：我去西湖的时候，西湖上有一处景观，叫苏堤。

姜sir：西湖原本没有现在这么美，里面很多淤泥，白居易曾经在杭州做官的时候，就治理过，取得了一些成效，但是到五代十国的时候，又荒废了。苏轼第二次来杭时，当时的老百姓估计，再过 20 年就没有西湖了。苏轼就说"杭州之有西湖，如人之有眉目，盖不可废也"。西湖必须治理，所以苏轼带领当地百姓疏通了西湖。

小 Q：看来苏轼给杭州做出了很大的贡献。

姜 sir：杭州至今还有以"东坡"命名的"东坡路"、"东坡剧院"、学士路、学士桥，有赞颂苏东坡"为官一处，惠民一方"的"惠民巷"，有纪念苏轼创设医坊、治病救人的"安乐坊"，还有苏轼纪念馆。

小 Q：苏轼只在杭州做过官吗？

姜 sir：苏轼后来又到了密州做官，虽然只在密州待了两年，但先后创作了大量诗词曲赋，得以留世的有 200 余篇。其中催人泪下追悼亡妻的《江城子·十年生死两茫茫》，之后千千万万首悼亡词都没能超越这一首千古绝唱。

小 Q：苏轼妻子是怎么去世的？

姜 sir：苏轼的妻子王弗 16 岁时，便嫁给了 18 岁的苏轼。王弗知书达理，是热情单纯的贤内助。两人十分恩爱，王弗总是能够细致入微地照料到苏轼。但王弗仅与苏轼一同生活了 11 年便抱病离世，年仅 26 岁。一晃十年过去，苏轼在许多地方奔波，在一个夜晚，梦见了阔别已久的亡妻，醒来以后悲痛欲绝，写下了"十年生死两茫茫"。苏轼历经了太多太多事，对于王弗的思念更是愈加深厚。但两人却是一生一死，只得梦中相见。苏轼越想要忘记，记忆却越发牢固。"不思量，自难忘"。一时间，那11年的片段都涌了出来，苏轼多么想冲到亡妻坟前，向她好好说一说自己十年来的艰辛，可是自己身在密州啊，与亡妻的坟墓相距千里，"料得年年肠断处，明月夜，短松冈"。

小Q：苏轼对王弗的感情太深了。

姜sir：苏轼在密州还写下了《江城子·密州出猎》，"会挽雕弓如满月，西北望，射天狼"，抒发了苏轼想要杀敌报国的豪情。还有《水调歌头·明月几时有》，"人有悲欢离合，月有阴晴圆缺，此事古难全。但愿人长久，千里共婵娟"，道出了所有经历离别之苦的人的共同愿望。后来苏轼又去了徐州，还带领当地的百姓抗击洪水。但在接下来前往湖州做官时，却遇到了有生以来最大的一场灾难——苏轼入狱了。

小Q：怎么就入狱了，是得罪谁了吗？

姜sir：当时苏轼按照流程，调去了一个地方做官，得写公文，就写了《湖州谢上表》，最后有一句话，既谦虚，也有些牢骚话在里面。话是这样说的："知其愚不适时，难以追陪新进；察其老不生事，或能牧养小民。"意思是说自己年老，不能和朝廷里新提拔的年轻人比，而在那段时间，朝廷里新

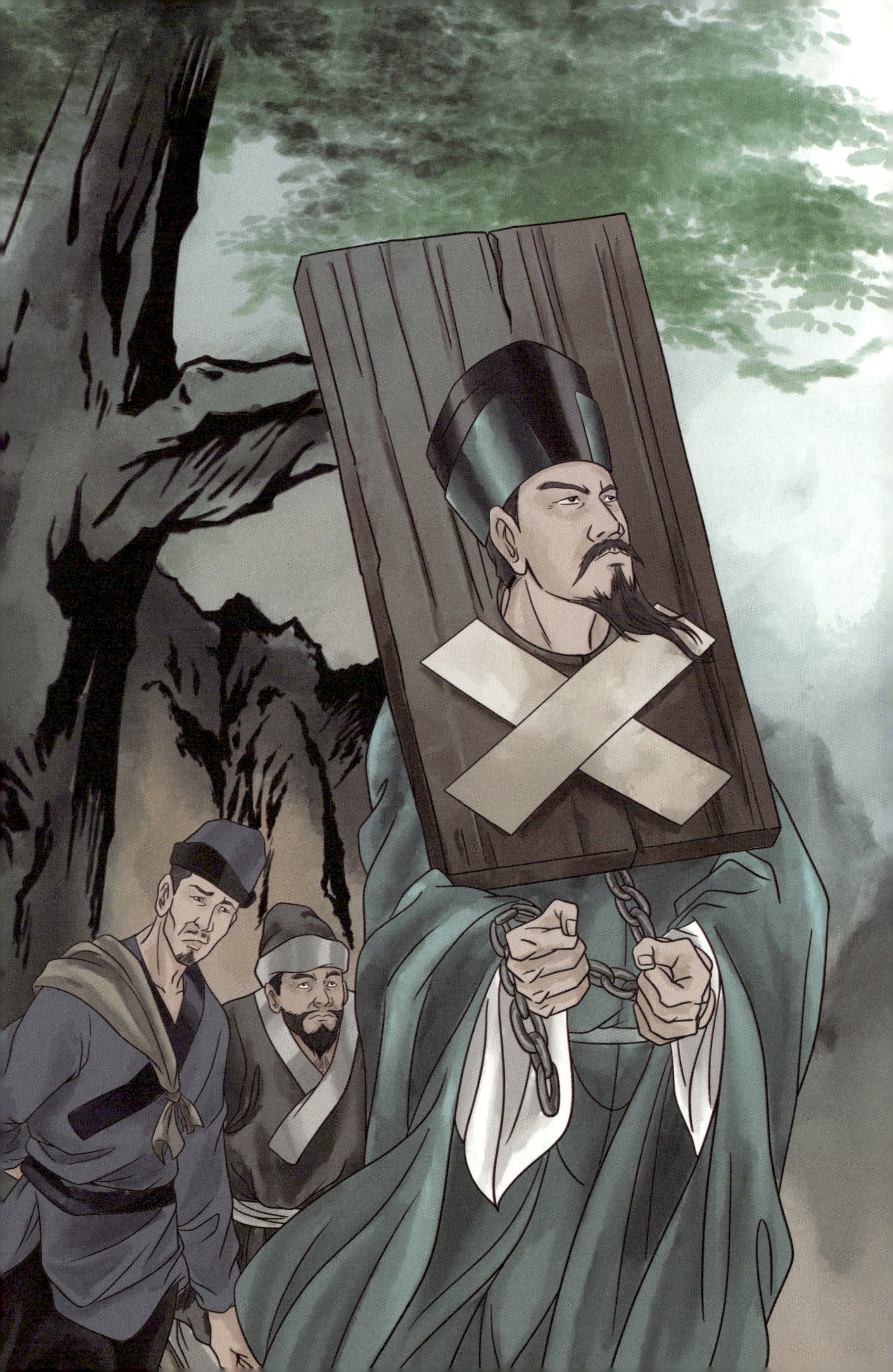

提拔的都是王安石的人，那意思是说我不和王安石的人一起玩，不同流合污的意思；另外一句话是生事，生事就是瞎折腾的意思，两句话合在一起的意思是说，朝廷里都是王安石的人，跟着王安石一起瞎折腾。

小Q：估计会让人抓住把柄。

姜sir：当时一些人认为苏轼在批评朝廷，发泄不满，请求对他加以严办。苏轼被押解入京进了御史台。自汉代起，御史台里头遍植乌柏，一种深青色的松柏，所以御史台又被称为"乌台"，所以这个诗案叫"乌台诗案"。当时王安石已经不管变法了，宋神宗亲自负责。宋神宗决定拿出皇帝的权威，对反对变法的保守派一律严惩。苏东坡的这篇文章，赶上了风口浪尖。

小Q：撞枪口上了。但就发几句牢骚，不至于入狱这么大罪吧？

姜sir：偏偏凑巧，苏轼当时写了一本书，给了那些官员收集材料的机会。就苏轼写的诗文中找出个别句子，不看前文，不看后文，断章取义，说苏轼对朝廷不满。在监狱中采取了刑讯逼供的手段，狠狠地折磨苏轼，就等苏轼扛不住时，承认自己是故意反对朝廷政策。

小Q：苏轼这也太惨了，他可千万别承认啊。

姜sir：在一系列惨无人道的折磨下，苏轼承认了，承认自己的诗歌都是在讽刺新法、攻击朝廷。而最可怕的罪名就是当时有人说苏轼的"根到九泉无曲处，世间惟有蛰龙知"，是在讽刺皇帝。意思是皇帝本该是飞龙在天，苏轼却要向九泉之下找龙，这是对皇帝不满，但其实人家苏轼是在描写树根。

小Q：就没有人能救苏轼吗？这也太冤枉人了。

姜sir：苏轼最后被定下了攻击新法、不学无术、无视朝廷、蛊惑人心、批评皇帝等几大该杀之罪，苏轼的整个人生又会发生怎样的转折呢？我们下节见。

158 也无风雨也无晴

各位同学,大家好,我就是那个人见人爱、花见花开、车见车爆胎的姜 sir。

大家好,我就是那个负责问问题的小 Q 同学。

姜 sir:上节我们说到苏轼被打入监狱,屈打成招,几大重罪几乎要判死刑,可以说是命悬一线。就在这时候,很多人挺身而出,为这位才华横溢的文人苏轼求情。当时已经不做官,在家休养的王安石紧急上书宋神宗:"安有圣世而杀才士乎?"不能杀啊,重病在床的曹太后也责备宋神宗。最后,宋神宗决定对苏轼从轻发落,贬为黄州团练副使。

小 Q:能保住性命就好了,没想到在关键时刻王安石还帮助了苏轼。

姜 sir:其实王安石和苏轼并不是敌人,只是治国的想法不同，都是为了国家好，苏轼后来还专门去拜谢过王安石的救命之恩。"乌台诗案"使苏东坡开始认识到自己根本应付不了官场上极其复杂的斗争，于是苏轼的作品开始转向了对人生的感悟。

小Q：看来这件事情对苏轼的影响还真大，命都差点没了。

姜sir：苏轼被贬黄州后的生活过得十分清贫，甚至连一家人的温饱都成问题。但是苏轼并没有沮丧，而是在城外开垦了一块荒地，带着家里人一起耕种劳作，自给自足，甚至还给自己的地取了名字，叫"东坡"，后来他就自称"东坡居士"了。

小Q：原来东坡就是东边山坡的意思啊。

姜sir：苏轼在这段时期也写下了《定风波·莫听穿林打叶声》这样的名篇。其中"也无风雨也无晴"就是对自己人生的平静看待。在这样的心态下，苏轼站在黄州赤壁时，面对波涛汹涌的长江，想想自己的人生，苏轼百感交集，文思泉涌，就写出了"大江东去，浪淘尽，千古风流人物"的《念奴娇·赤壁怀古》。

小Q：苏轼是不是后来一直都没有被重用？

姜sir：后来也被重用过。宋神宗去世，8岁的宋哲宗继位，高太后垂帘听政，负责管理国家，而高太后一贯反对变法，苏轼也重新得到重用。但当时要全面否定并且废除王安石变法内容，可苏轼认为王安石变法有些地方是对的，不能说人家变法全都是错的，所以苏轼就提出了反对。

小Q： 我感觉苏轼又得被贬官。

姜sir： 苏轼觉得这种党派斗争实在太可怕了，干脆去地方吧，所以就又走了，可没想到后来朝廷的改革派重新上台，苏轼就又被贬官了。

小Q： 苏轼当年还帮他们说话呢，这种党派的斗争真是可恨。

姜sir： 苏轼接下来被贬到现在的安徽阜阳、江苏扬州、河北定州，后来又被贬到广东惠州，在惠州写下了"日啖荔枝三百颗，不辞长作岭南人"的诗句。

小Q： 都贬到这么远了，应该不会继续被贬了吧？

姜sir： 离开惠州之后，苏轼又被贬到海南岛上的儋州。

小Q： 海南岛这么远，苏轼都去过。

姜sir： 儋州一直把苏轼看作本地文化的开拓者，苏轼也把儋州当成了自己的第二故乡，用尽心力经营。他在儋州与当地人一起种田、修路修桥，流传至今的东坡村、东坡井、东坡田、东坡路、东坡桥、东坡帽等，都表达了当地人对他的缅怀之情，连当地语言都有一种叫"东坡话"。

小Q： 苏轼可真是一直被贬官啊！

姜sir： 是的，苏轼是屡屡犯颜直谏，被贬到各地；而弟

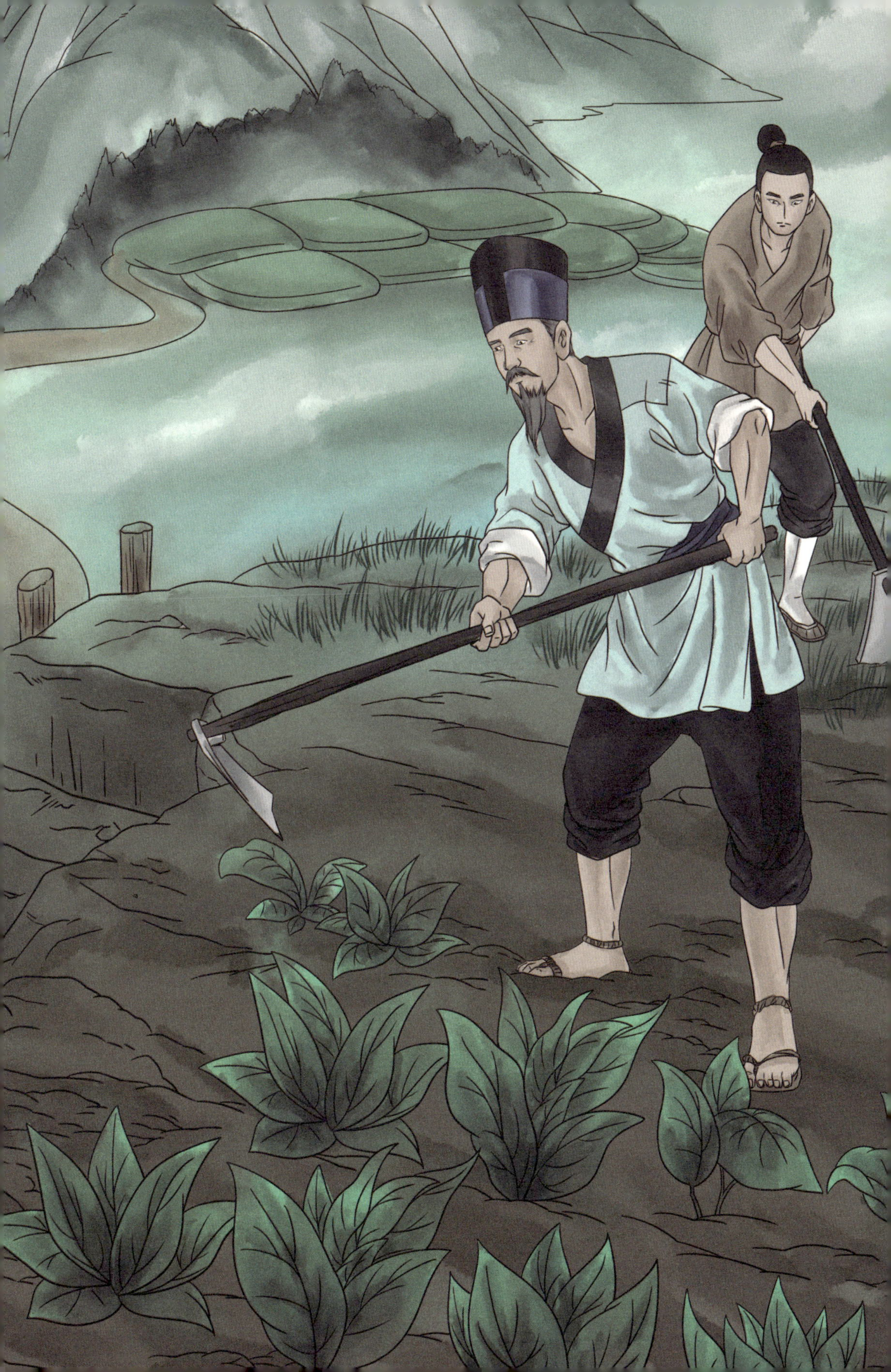

弟苏辙则很有政治才华，一直做到了副宰相。

小Q： 区别这么大啊？

姜sir： 曾经就有人说过：苏轼"明敏尤可爱"，将来一定是人见人爱；苏辙"谨重自持"，性格严谨，将来成就或许比老大高。宋仁宗当年就把苏辙、苏轼都给录取了，回到后宫以后，跟皇后说："朕今日为子孙，得两宰相矣。"当年苏轼因为"乌台诗案"被打入大牢，有杀头的危险时，苏辙冒死向宋神宗上疏《为兄轼下狱上书》，宁可自己被罢官，也要给哥哥搏得一条生路。但皇帝不觉得这是个好交易，没有同意。后来受苏轼案牵连，苏辙也被贬。宋哲宗继位后，苏辙走上了升官的快车道，达到了自己人生的巅峰。回到朝廷以后，苏辙先是担任右司谏，是一个谏官的职位。苏辙非常勤奋，在9个月的时间里上了74篇奏章。不久苏辙升任中书舍人，负责起草中书省草拟的决定。又过了一年，苏辙升任户部侍郎，接下来改任吏部侍郎，仅仅过了三天，又改任翰林学士知制诰，负责起草皇帝的诏书。又过了一年，升任御史中丞，是御史台监察系统的最高长官，负责纠察百官。后来升到尚书右丞，是尚书省的最高首长之一，相当于副宰相了。一年后苏辙升任门下侍郎，成为真正的副宰相。

小Q： 这完全和哥哥是两个发展方向啊。

姜sir： 苏轼在常州穷得买不起房子了，写信向兄弟求助，收到信的苏辙一下子就给了 3000 贯铜钱，而苏辙自己却六十多岁才买得起房；苏轼在惠州建桥，没钱就写信给苏辙，苏辙也没钱，就动员自己妻子给苏轼捐出朝廷赏赐的金币。1101 年，苏轼病逝于常州，终年 64 岁。苏轼去世后，苏辙把侄子们都接到了自己身边，将他们全部抚养长大。

小 Q：兄弟两个感情太好了，苏轼应该是一个很乐观的人吧，要不然这么波折的人生得多压抑。

姜 sir："世事一场大梦，人生几度新凉"，他从 42 岁开始了被贬流放的生活，到 63 岁离开海南，其大半生基本在流放的路上度过。苏轼留给我们最珍贵的财富远远不是他在诗词歌赋、书法绘画等方面的成就，而是他一生积极、真诚的生活态度，他面对挫折时的乐观。有人评价苏轼是这么说的："苏东坡是我国文化史上一位罕见的全才，人类知识和才华发展到某方面极限的化身。"他开创了"豪放派"风格，写出了"大江东去，浪淘尽，千古风流人物"。但他的"婉约派"风格的词又占了多数，写出了"人有悲欢离合，月有阴晴圆缺，此事古难全。但愿人长久，千里共婵娟"。他的笔下有"十年生死两茫茫""千里孤坟，无处话凄凉"的悲痛，也有"枝上柳绵吹又少，天涯何处无芳草"的宽慰，还有"回首向来萧瑟处，归去，也无风雨也无晴"的淡然，也有"野桃含笑竹篱短，溪柳自摇沙水清"的闲情逸致。

小Q：我真想和苏轼做好朋友，觉得他特别有人格魅力。

姜sir：有一位长期研究苏轼的学者说过："当我一旦认识了东坡先生之后，就将他作为偶像加以崇拜。他是中国的一位天才和通才，也是宋代一位杰出的政治家、文艺家和科学家。"同时苏轼还是一位美食家，和苏轼有关的美食有哪些呢？我们下节见。

159 走到哪儿吃到哪儿

各位同学,大家好,我就是那个人见人爱、花见花开、车见车爆胎的姜 sir。

大家好,我就是那个负责问问题的小 Q 同学。

姜 sir: 苏轼是个全才,在美食方面也有深刻的研究,一生创作了五十多首与吃有关的诗,喝豆粥,写了"地碓(duì)春(chōng)秔(jīng)光似玉,沙瓶煮豆软如酥";吃饼,写了"小饼如嚼月,中有酥和饴";做豆腐,写了"煮豆作乳脂为酥,高烧油烛斟蜜酒"。苏轼不仅会吃,还会做,甚至还能自创很多美食。

小 Q: 我就说我适合和苏轼做朋友吧,他会做,我会吃。

姜 sir: 苏轼可真是一位走到哪儿吃到哪儿的人物,甚至可以说,苏轼为后世的饮食文化做出了重要的贡献。

小Q：赶紧说说和苏轼有关的美食吧。

姜sir：第一道菜必须说家喻户晓、流传最为广泛的一道历史名菜，就是味道香糯、酥烂可口的"东坡肉"。当时苏轼被贬黄州，他一来就盯上了黄州本地的猪。当时流行吃羊肉，老百姓也不知道猪肉具体的做法，相传苏轼的妻子在家炖猪肉时一时大意，不小心把猪肉煮煳了，于是连忙加料再煮，想把煳味给盖住。结果味道却很好吃，苏轼经过反复实验，终于研究出了"东坡肉"。苏轼一高兴，还写了篇《猪肉颂》："黄州好猪肉，价贱如泥土。贵者不肯吃，贫者不解煮。早晨起来打两碗，饱得自家君莫管。"

小Q：一大早上就吃两碗，应该是很好吃。

姜sir：苏轼不仅喜欢吃猪肉，还特别喜欢吃河豚。

小Q：我怎么听说河豚是有毒的呢？

姜sir：河豚以毒性猛烈著称，一点点河豚毒素就能在一小时内置人于死地。

小Q：那苏轼还敢吃？

姜sir：河豚在处理不好的情况下吃起来会中毒，正确处理的话，人们是可以吃的。河豚肉质鲜美，鲜嫩可口，有人说"一朝食得河豚肉，终生不念天下鱼"。对于苏轼这种美食家，怎么可能会不喜欢吃呢？宋代《示儿编》中曾记载着苏轼吃河豚的事情：当时有人邀请苏轼来家中品尝河豚。开宴后，这个人的家人都躲在屏风后面偷听，想听大文豪苏轼吃河豚后会有怎样的感想。谁知道苏轼从开吃就一句话都没说，正当大家大失所望的时候，苏轼感叹道："太好吃了，死都值了。"

小Q：我记得苏轼好像有首诗歌里就有河豚。

姜sir："竹外桃花三两枝，春江水暖鸭先知。蒌蒿满地芦芽短，正是河豚欲上时。"诗里面的蒌蒿、芦芽就是制作河豚需要的食材。

小Q：有没有苏轼吃过的安全一些的？

姜sir：苏轼可是典型的走到哪儿吃到哪儿。当苏轼初到海南的时候，当时海南生活条件极其恶劣，溽热不已，很不适合居住。最严重的是生活物资匮乏，用苏轼的话来说是"此间食无肉，病无药，居无室"。虽然没有肉，苏轼就想办法自己找肉吃，终于，他发现了海南的特色美食——生蚝。于是便急急忙忙写书信给别人说："这里的生蚝美味极了，你不要告诉朝中的其他官员，不然他们都争着抢着要来海南，到时候就没得吃了！"

小Q：苏轼也太有趣了。

姜sir：苏轼对肉的喜爱已经到了极致。苏东坡非常擅长制作鸡肉，他曾经写过，要小火将锅烧热，倒入布满锅底的油，待油嗞嗞作响后，再放入切成块的鸡肉，等到鸡肉色泽金黄起锅。轻轻咬上一口，嫩脆疏松。

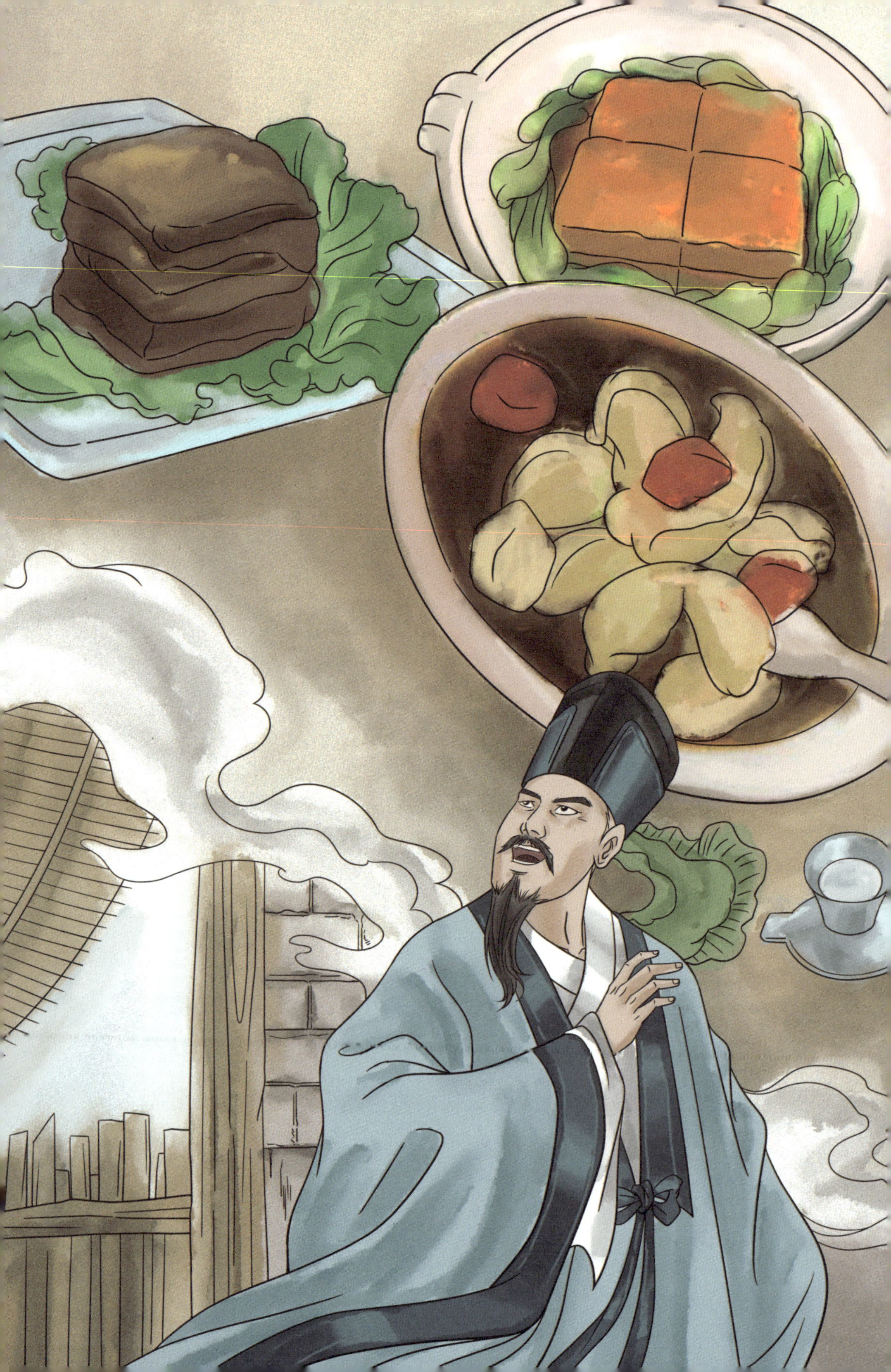

小Q：听得我口水直流。

姜sir：苏轼经常问自己的几个问题就是：吃什么？哪里吃？怎么吃？怎么吃好吃？苏轼当年因"乌台诗案"被贬到黄州。一到当地，就写了"自笑平生为口忙，老来事业转荒唐。长江绕郭知鱼美，好竹连山觉笋香"。一看见长江水，就仿佛看见了桌上的清蒸鲈鱼；看见竹林，就好像闻到了煮竹笋。

小Q：这是真乐观，换别人早就吃不下去饭了。

姜sir：苏轼当年因为"乌台诗案"入狱，他出狱后，跟别人说："我在牢里时，每天吃的是三白饭，照样很香甜，世间美味不过如此！"

小Q：什么叫三白饭？牢房里还有美食？

姜sir："一撮盐，一碟生萝卜，一碗米饭，这就是'三白'。"

小Q：苏轼可真乐观，这三白饭就算现在给我吃，我也不觉得是美味。

姜sir：苏轼在惠州的时候，因为羊肉价格很贵，便打起了羊脊骨的主意，将羊脊骨高汤焖煮，再浇上美酒，撒上盐，最后用火烤，烤得羊脊骨吱吱冒油，苏轼一尝，还真好吃，苏轼特别开心，他写给弟弟苏辙的家书中，什么都没提，就只是分享了自己新发明的美食：烤羊脊骨。

小Q：真想回宋朝，跟着苏轼走到哪儿吃到哪儿。

姜sir：苏轼一生，虽然在贬官的道路上奔波不止，却能永远保持随遇而安的心境，静下心来品尝各方美食。生活就是这样，不论身处何种境地，都要保持热爱和期待。

小Q：一个王安石变法，真的是影响了太多人的人生了，有没有特别出名的文人，但又没怎么受到朝廷各种斗争影响的呢？

姜sir：还真有一位，这位的人生完全是自己发牢骚影响的，他是谁呢？我们下节见。

160　唱片销量第一名

各位同学，大家好，我就是那个人见人爱、花见花开、车见车爆胎的姜 sir。

大家好，我就是那个负责问问题的小 Q 同学。

姜 sir：唐被称为诗的时代，宋被称为词的时代。唐诗、宋词是中国文学史上的两颗明珠，其实词在南朝就已经产生，经过了隋唐，到了宋朝便变得流行起来。早期的词是没有办法和诗歌相提并论的，但经过几代词人的努力，词的创作被推到了一定高度。而对词做出贡献的文人，不得不提到柳永。

小 Q：柳永对宋词的贡献有多大？

姜 sir：词是用来唱的，需要曲调，在宋朝的文人里，柳永是用词调最多的词人。他现存 213 首词，用了 133 种词调。在所有宋词里，所使用的八百八十多个词调中，有一百多个调是柳永首创或首次使用。

小Q：柳永对宋词的贡献这么大，他做官了吗？

姜sir：这就是柳永心中的痛。柳永，原名叫柳三变，在家排行老七，所以大家也叫他柳七。

小Q：柳三变，我听过孙悟空七十二变，他这个三变是怎么个变法？

姜sir：人家的三变是来自《论语》，意思是君子会使人感到有三种变化：远远望去举止庄重，双方关系更进一步的时候，却能感受到他的温和可亲，再听他说话还能感受到他说话办事非常坚守原则。

小Q：柳三变就相当于柳永要做个君子的意思。

姜sir：柳永10岁能文，13岁能诗，17岁能词，说话做事彬彬有礼，18岁前往首都参加科举考试，路过杭州，看到眼前美景，写下了《望海潮》一词，迅速让柳七名满天下。"三秋桂子，十里荷花"成为经典，甚至传说一百年后，金朝皇帝就是因为太想看看"三秋桂子，十里荷花"描写的美景，决定发兵入侵宋朝。他不相信世上会有如此美的地方，即使有，也应该由他独享。

小Q：入侵就入侵，还找借口。

姜sir：苏州、杭州、扬州三地，繁华热闹，到处都是唱歌饮酒的地方。由于柳永词写得太好，于是他成了众多歌女

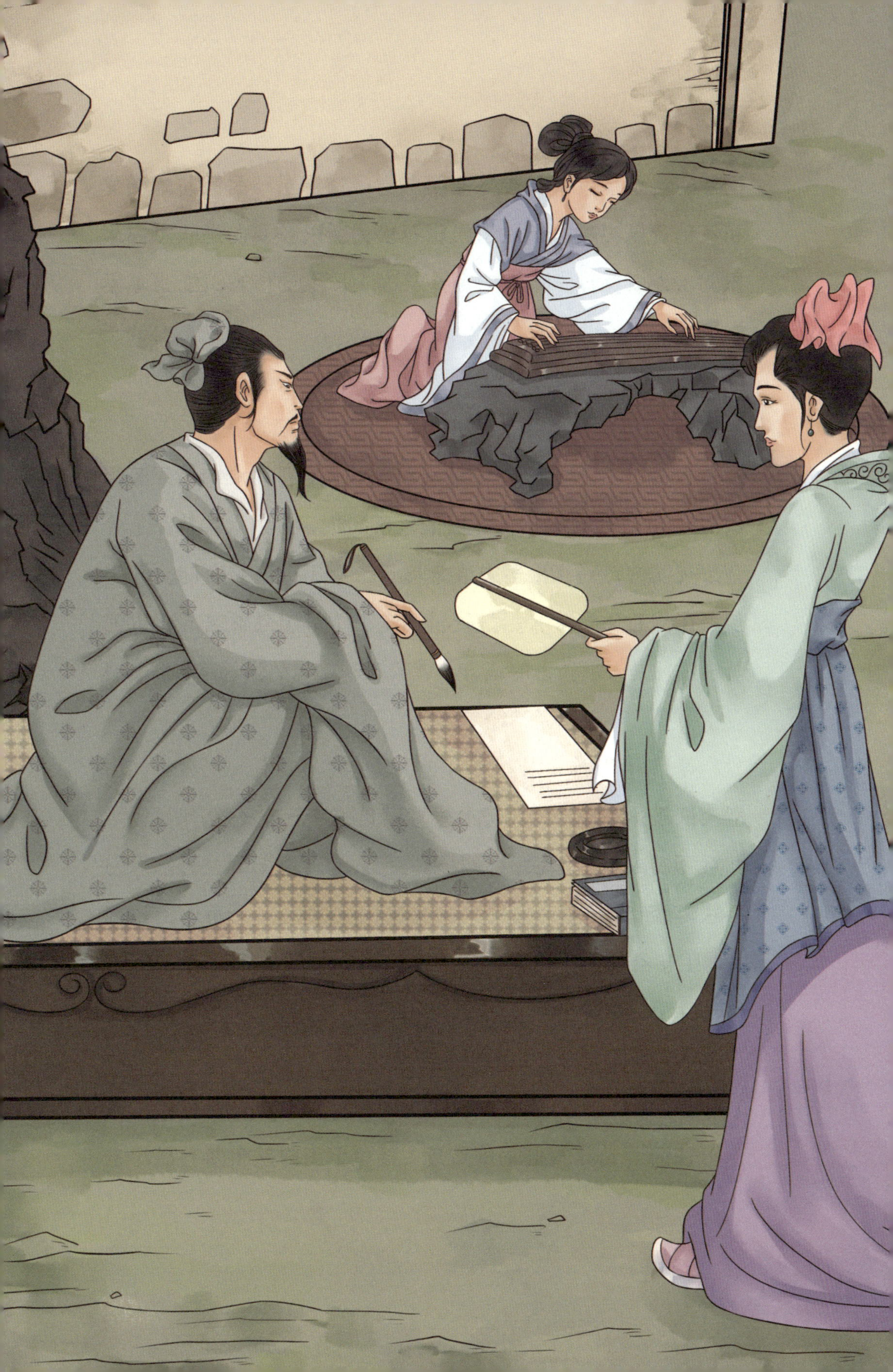

崇拜的对象，放到现在，谁能拿到一首柳永写的词，就能拿到各种音乐奖项，唱片销售量翻倍，所以歌女们排队想去认识柳永，而反过来柳永的词作，因为歌女的传唱，红遍了大街小巷。

小Q：柳永如果在现代社会，也会有好多歌星去找柳永写歌词吧？

姜sir：一位西夏归宋的官员说："凡有井水饮处，即能歌柳词。"在没有专门商业区的聚落时代，货物常常是在水井旁边买卖的，后来聚落发展为城市，有了街道和商铺，井仍然存在，甚至成为市中心，"市井"之名就是这么来的。也就是说：凡是人烟稠密的地方，就有人唱柳永的词。

小Q：柳永的词已经传出国门了？

姜sir：当时北宋有个叫刘季高的官员，有一次在公共场所谈论起柳永的词，说柳永写的词低俗，旁边一老者听见了，默然而起，拿着纸笔跪在刘季高面前，说："您认为柳词不好，那您能写一篇给我看看吗？"刘季高无以应答。

小Q：柳永的"粉丝"这么厉害。

姜sir："教坊乐工每得新腔，必求永为词。"当时的歌星只要拿到新曲调，一定去求柳永给写词。

小Q：那柳永这么火，肯定会快速当官吧？

姜sir：柳永写的词很贴近生活，但当时的很多官员却不喜欢这种表现日常生活感情的词。他们觉得柳永写的词低俗，不上档次。所以柳永没有考上，但柳永也不服气，落榜之后，就写了一首著名的《鹤冲天·黄金榜上》，表示了自己的不满："你们算什么，我是白衣卿相，才子词人，以为我会求你们给我个官当，且把浮名换了浅斟低唱。什么官职功名，我不要，我宁愿喝着茶，品着酒，唱着歌。"

小Q：我感觉柳永是在说气话。

姜sir：1024年，柳永第四次参加科举考试，本来考上了，但录取名单递给了宋仁宗，可没想到，宋仁宗看到柳永名字后，把柳永除名了，说："且去浅斟低唱，何要浮名！"你就去唱歌饮酒吧，要什么官职功名。

小Q：宋仁宗不是一个大好人吗，就因为柳永发了牢骚就把他除名了？

姜sir：其实这只是一个可信度不高的故事，宋仁宗不至于为了一首词而打击柳永。1024年，这宋仁宗才14岁，还没有去管国家大事，怎么会这么针对柳永？《鹤冲天·黄金榜上》创作于1008年，宋仁宗还没出生呢，所以有可能是宋仁宗的爸爸宋真宗不喜欢柳永。因为宋真宗喜欢文雅的作品，而柳永写的都是一些爱情主题。宋真宗曾经就下过圣旨说："那些阅读的范围超出了儒家经典的，以及写作的文风是带有浮夸爱情的人，都要受到严肃的处理。"

小Q：看来是柳永不符合当时皇帝的要求。

姜sir：柳永找过晏殊，希望晏殊能帮助自己，聊天的时候，晏殊问柳永："你最近作曲子了吗？"柳永就说："作了，和您作同样的词曲。"晏殊当时就生气了，说："我那是高雅，你是低俗，你怎么能和我比？"

小Q：所以柳永在官场上不被重视，并不是因为发牢骚，而是作品的风格问题。

姜sir：当时宋朝官员对于柳永写的"衣带渐宽终不悔，为伊消得人憔悴"这种情歌不太能接受。欧阳修私下也写过，也受到了一定的排挤。但历史就是这样，虽然正史中没有柳永的传记，但柳永的才华，柳永对词的贡献却得到了后人的赞赏。他是历史上第一个比较专业的词人，柳永的词更加能够反映时代的特征，更代表了普通人的世俗文化。柳永也为后人留下了很多名句，比如："执手相看泪眼，竟无语凝噎。""多情自古伤离别，更那堪，冷落清秋节！""系我一生心，负你千行泪。"等等。柳永因为不受重视，所以也不可能卷入朝廷的斗争。同时，柳永去世的时候是1053年，王安石变法还没有开始，可另一位文人就卷进去了，还成了王安石的对头。他是谁呢？我们下节见。

161 我不仅会砸缸

姜 sir： 各位同学，大家好，我就是那个人见人爱、花见花开、车见车爆胎的姜 sir。

小 Q： 大家好，我就是那个负责问问题的小 Q 同学。

姜 sir： 中国历史上有很多小时候就出名的人物，比如让梨的孔融、称象的曹冲，还有砸缸的司马光。

小 Q： 司马光砸缸的故事，很小我就听过了。

姜 sir： 据记载："群儿戏于庭，一儿登瓮，足跌没水中，众皆弃去。光持石击瓮破之，水迸，儿得活。"有一次，司马光跟小伙伴们在后院里玩，有个小孩爬到大缸上玩，不小心掉到水缸里。别的孩子一见出了事，都惊慌失措地跑了，司马光却急中生智，从地上捡起一块大石头，使劲向水缸击去。水涌出来，小孩也得救了。司马光一砸成名，成了家喻户晓的小英雄。有画师甚至画了《砸缸图》，但司马光这一辈子就只砸过缸吗？

小Q：司马光还做过其他什么大事吗？

姜sir：司马光和写《史记》的司马迁并称"千秋两司马"，就是因为司马光写了一部编年体通史《资治通鉴》，同时他也被称为王安石一生之敌。

小Q：司马光还和变法有关，都做了什么？

姜sir：司马光记忆力特别强，7岁时，他能把《左传》里学到的故事毫无差错地复述出来，并讲得头头是道。这让他在科举考试上非常占优势，因为宋朝的科举考试，其中有一项，就是随便选儒家经典进行默写。

小Q：那司马光肯定没问题了。

姜sir：司马光19岁就金榜题名，高中进士。当时司马光还和王安石、吕公著、韩维三个朋友有个称号，叫"嘉祐四友"。贝州农民王则起义，司马光为平定叛乱献出了计策，最终起义军只坚持了65天就被平定了。

小Q：司马光还真挺厉害，后来一定得到了重用。

姜sir：司马光42岁的时候，宋仁宗想任命司马光当修起居注，这个官职的职责是记录帝王的言行。接近皇帝的机会多，很多人抢着要这个官职，但司马光却拒绝了。43岁时，宋仁宗提拔他为知制诰，司马光认为自己并不擅长写文书，连写了 9 封辞职信；51 岁时，宋神宗提拔他为枢密副使，他又以"不通财务""不习军旅"为由，连上了 5 道辞呈。

小 Q：他到底要什么官职？

姜 sir：司马光明白自己做不了这个职位，他知道自己擅长什么，他更想做谏官。

小 Q：放着安全系数高的官不当，非挑危险系数高的，也是有个性。

姜 sir：司马光除了擅长提意见，还擅长写历史。宋英宗在位的时候，司马光就写了从周朝到秦朝灭亡的一部分历史，并交给宋英宗看。宋英宗看完后十分高兴，立刻让司马光继续写，并给他配了一个专门的书局，安排官员作为助手配合司马光共同写史书。后来宋神宗继位，宋神宗很喜欢司马光，再加上欧阳修等人的推荐，司马光也是一路升官。这个时候，宋神宗决定重用王安石，开始变法。而当时司马光和王安石的想法也不一样。

小 Q：就像苏轼反对王安石一样。

姜 sir：王安石和司马光的性格又都是那种坚持自我的人，而最终司马光选择退出，专心去写史书。当时还有几十位文人帮忙，最终涵盖十六朝、囊括上下一千三百年的史书，终于在 1084 年告成。当宋神宗看到这本史书时，他激动地亲自写下了：有鉴于往事，以资于治道。这本书的名字也就有了，

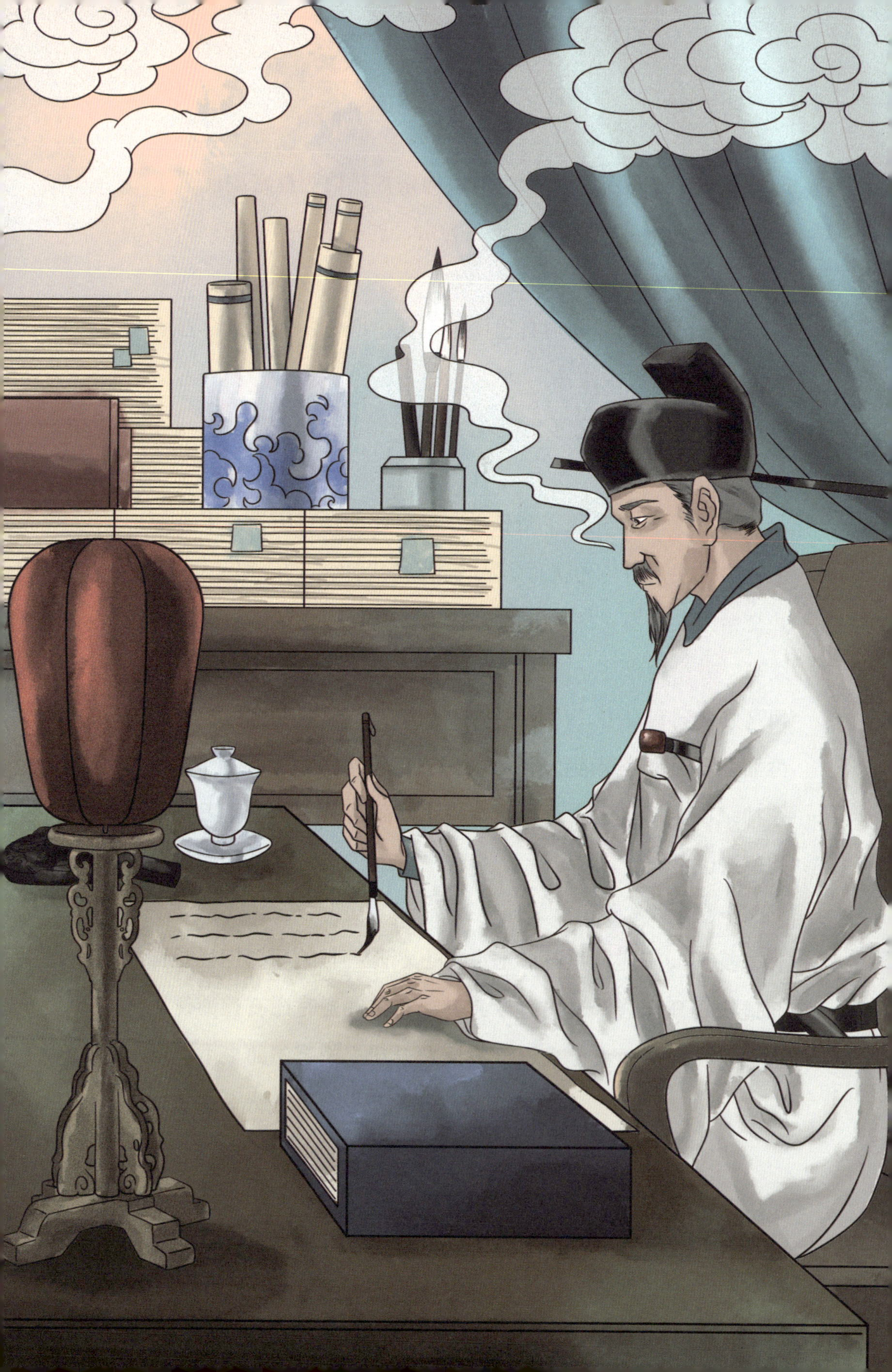

就是《资治通鉴》。书名的大致意思是：为治理天下所提供的全部案例。

小Q：感觉这书是给皇帝看的。

姜sir：《资治通鉴》就称为"帝王之书"。《资治通鉴》的第一个特点是通，它是我国最大的一部编年通史，篇幅大、字数多、年代长。第二个特点是正，不仅符合儒家正统价值观，而且内容专取事关国家兴衰的重大事件和人物。第三个特点是实用，这本书不仅仅描述历史，还点评历史，甚至还教你怎么做，所以后世的很多统治者都喜欢看这本书。在毛主席晚年，床头的一部《资治通鉴》被他翻阅得"支离破碎"，只得用透明胶"缝缝补补"。

小Q：那司马光后来因为这书当官了吗？

姜sir：1085年，宋神宗去世，新党最大的支持者没了。高太后垂帘听政，第一时间召回了司马光。1085年，司马光当上了宰相。司马光当时备受百姓敬仰，叫作"光居洛十五年，儿童走卒皆知司马君实"。司马光刚上任宰相时，每天相府旁的大树上、屋顶上都站满了人，只为了看一看这个超级大明星。司马光去世的时候，自发来送葬的人多达几万。人们争着买他的画像，每天吃饭之前都要祭拜一番。

小Q：这是超级明星。

姜sir：司马光就像当年王安石雷厉风行地推行新法一样，

以同样的热情和效率废除新法，一年之内，新法被全部废除，史称"元祐更化"。元祐更化，名为改制，却是内斗的开始。不仅新法废除，就连变法派也遭到无情打压，纷纷被贬。此举引发了北宋非常严重的党争。苏轼当时还和司马光吵了一架，就是认为不应该全部否定变法，但当时司马光根本听不进任何不同意见，气得苏轼回到家管司马光叫司马牛，意思是司马光脾气倔强，像头牛。

小Q：这场变法真的是让很多人的人生都发生了转变。

姜sir：变法废除不久，王安石就去世了，司马光非常难受，观点虽是不同，但好朋友还是好朋友。王安石去世后几个月，司马光也去世了，而凭借着一部《资治通鉴》，司马光足以名垂千古。变法结束了，宋朝接下来会发生什么呢？我们下节见。

162 相比皇位更爱艺术

> 各位同学，大家好，我就是那个人见人爱、花见花开、车见车爆胎的姜 sir。

> 大家好，我就是那个负责问问题的小 Q 同学。

姜 sir：宋神宗去世后，8 岁的宋哲宗继位，高太后垂帘听政长达 9 年，在高太后垂帘听政期间，军国大事都由她与几位大臣处理，宋哲宗对国家大事几乎没有发言权。

小 Q：什么叫垂帘听政？和帘子有关吗？

姜 sir："垂帘听政"这个词语来自武则天时期，毕竟皇后或者太后不能坐在皇帝的龙椅上处理国家大事，所以就和龙椅之间隔着一个帘子，参与讨论朝政。

小 Q：那宋哲宗什么时候说话能算？

姜 sir：后来高太后去世，宋哲宗正式接管国家，第一时间是将司马光贬官，还有苏轼、苏辙等朝中的很多大臣也贬官。

小Q：宋哲宗刚大权在握，怎么就这么折腾？

姜sir：宋哲宗其实非常认可他爸爸宋神宗的变法，但支持守旧派的高太后在上位之后，重用司马光，全面否定变法。宋哲宗早就看不过去了，但没办法，自己说话不算，可现在说话算了，就要支持变法，要恢复王安石变法的方针政策。

小Q：怎么感觉变法最后变味了呢？

姜sir：宋哲宗有一个很重要的目的就是收回权力。因为原来的保守派都是围绕着高太后，宋哲宗认为保守派过大的势力影响着国家。同时宋哲宗也很着急地想建功立业，把国家快速治理后，就要恢复改革。但大臣们都没有将精力放在改革上，可以说宋哲宗时期的变法，到了后来已经演化成了一场政治党派的斗争。

小Q：宋哲宗太着急了，治理国家还是要多方面考虑的。

姜sir：宋哲宗23岁就因病去世了，去世的时候没有孩子，所以传位给自己的弟弟宋徽宗。宋徽宗可是个人才，琴棋书画样样精通，自幼就爱好笔墨、丹青、骑马、射箭、蹴鞠，在书法、绘画等方面也颇有天赋。如果在中国所有皇帝里比艺术气质，比才华横溢，宋徽宗绝对排前三名。

小Q：这么有才华，当皇帝一定很厉害。

姜sir：历史上有这样一个评价，"仁宗皇帝百事不会，只会做官家；宋徽宗诸事皆能，独不能为君耳"。意思是说宋仁宗在军事、文学、艺术等方面确实没有什么突出的才华，变法也没什么大动静，但他就是好，对官员好，对百姓好，对辽、夏两国也一样好。宋徽宗是对治理国家以外的事情都很感兴趣，诗词歌赋，琴棋书画，舞蹈音律，样样精通，甚至连体育项目都很厉害，并且在每个领域都是顶级专家，可惜，就是做不了皇帝。

小Q：我怎么脑子里一下子想到了李煜呢？

姜sir：相传宋徽宗出生前，他爸爸宋神宗曾经梦见了李煜。

小Q：为什么当时会选他当皇帝呢？

姜sir：宋徽宗从小就喜欢各种艺术以及各式游戏，并没有学习过怎么当皇帝，选了他当皇帝呢，就是因为宋哲宗没有孩子，所以当时大臣们为了选择谁来继承皇位也是争论不休。当时是太后主张让宋徽宗当皇帝，但大臣反对，说左看右看，上看下看，他也不能当皇帝啊。但太后说宋神宗活着的时候说过，这个孩子有福寿，且仁孝，所以应该立他当皇帝。太后这重要的一票决定了接下来宋朝的走向。

小Q：宋徽宗真的没有治理国家的能力吗？

姜sir：其实宋徽宗不是没有治国的能力，他刚开始当皇帝时也试图调和新旧两党的矛盾，也想改革，但没做出什么

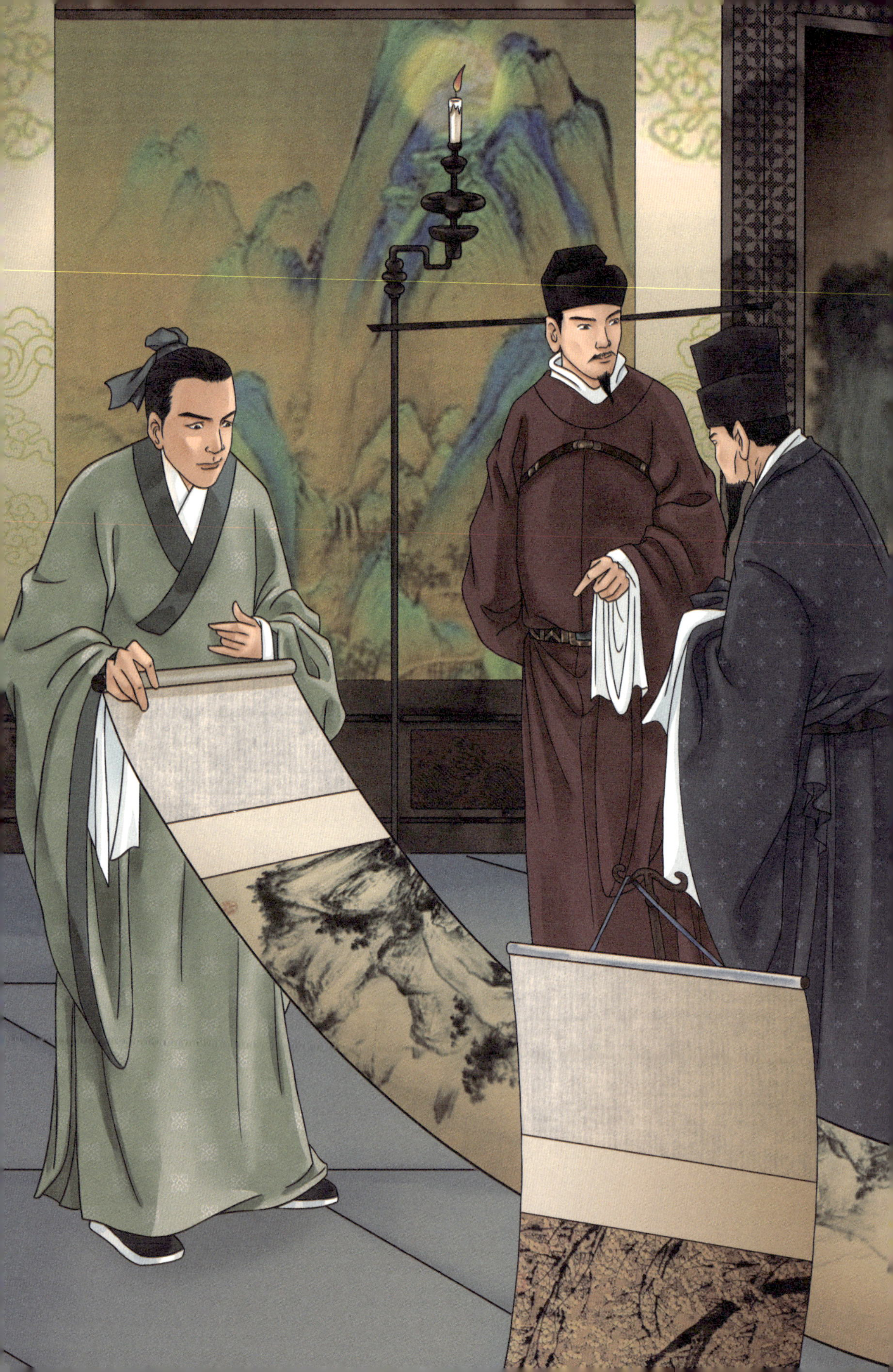

政绩来。最主要的是，皇帝这份工作是很辛苦的，很多皇帝都是因为过度劳累而去世，宋徽宗又控制不住自己对艺术的喜好，不想放弃自己艺术方面的那些爱好，最后选择了在艺术这条路上越走越远。

小 Q：宋徽宗在艺术方面贡献大吗？

姜 sir：宋徽宗在书法、绘画等艺术方面的成就和他在政治上的无能一样出名，独创出"瘦金体"这种极具个性的字体，对后世的书法也有很大影响；他建立了宣和画院，就是当时的宫廷画院，培养了一大批杰出画家，使宋代的绘画艺术有了空前发展；宋徽宗是中国绘画历史上少见的艺术奇才，山水画、人物画、花鸟画都非常擅长；他还广泛搜求古今名画一千五百余件，为中国美术史留下了宝贵资料；宋徽宗写了中国茶书经《大观茶论》，为后人了解宋朝茶艺提供了依据；宋徽宗对医学还有研究，写过一本叫《圣济经》的书，专门介绍饮食、医疗、保健。

小 Q：他就不应该当皇帝，应该当艺术家。

姜 sir：宋徽宗是如何治理国家的？宋朝在他的治理下会发生什么？我们下节见。

163 "六贼当政"

姜 sir：各位同学，大家好，我就是那个人见人爱、花见花开、车见车爆胎的姜 sir。

大家好，我就是那个负责问问题的小 Q 同学。

姜 sir：上节我们说到宋徽宗是中国历史上有名的不管正事儿的皇帝，成天就沉迷于艺术中，把国家大事都交给六个人管理，而在这六个人管理期间，被人称为"六贼当政"。

小 Q：一听就不是好人，都被人称作贼了。

姜 sir：这六个大奸臣个个艺术天赋极高，都是当时有名的才子，在书法、诗词等各个艺术领域均有杰出的表现，也凭借着艺术上的成就获得了宋徽宗的宠爱。

小 Q：皇帝不管事，找来的人又不是一心为民，这宋朝要出事啊。

姜sir：这六位就是童贯、蔡京、王黼、梁师成、朱勔、李彦。这六个人互相勾结，贪赃枉法，把国家搞得乌烟瘴气，其中头号人物就是蔡京，先后4次担任宰相，共达17年之久。蔡京有多能贪污呢？有人在京城娶了一个女子，这个女子说是在蔡京家中厨房负责包包子的。那人一听便让这个女子蒸包子，想尝尝蔡京吃的包子什么味道，可这女子却说自己不会包包子。那人就问："你既然是厨房包包子的，为啥说不会做包子？"原来这个女子只是蔡京厨房里专门负责切葱丝的。

小Q：切葱还得专门雇一个人，这也太奢侈了。

姜sir：蔡京是有才华的，特别是写得一手好字，算是个大书法家，但就因为他是六贼之首，后人就不愿意提及他的书法水平。第二贼是童贯，这个人可不简单，他是宦官，本身是应该在皇宫里伺候皇族的，却以宦官的身份掌握兵权20年之久，还出任国防部部长，还代表国家出任外交使团副团长，最后还被册封为王。

小Q：他到底做了什么？最后还能封王。

姜sir：童贯能够手握军权，是得到了蔡京的推荐。童贯当时只是监军，并不负责具体的打仗，也就是打赢了，他领赏；打输了，他也能把责任推卸出去。童贯当时对西夏发动了很多次战役，宋朝付出了难以想象的代价，最终赢多败少，但童贯也得到了宋徽宗的各种提拔。

小 Q：不管怎么样，也算有打赢的时候。

姜 sir：当时损兵折将十余万，但童贯竟然对朝廷隐瞒实情。同时有一次童贯让名将刘法出兵进攻，但刘法认为这一次贸然行动有危险，提出了反对意见，童贯却坚持出兵，没办法，刘法领兵出征，遭到西夏人伏击，进而兵败身亡。宋军惨败，而童贯为了逃脱罪责，隐瞒了这次战败的真相，居然向皇帝报告打赢了！还说刘法因为不听指挥，战死了。

小 Q：太可气了。

姜 sir：1120 年，宋与金国签订了《海上之盟》，按照协议规定，双方各自出兵，攻打辽国。双方负责攻打的城池都规定好，辽国灭亡后，宋将原来每年给辽的钱都给金国，金国同意将幽云十六州之地归还宋朝。

小 Q：划算啊，反正钱给谁都是给，还能把自家的土地收回来。

姜 sir：北宋派童贯领军攻打辽国。童贯刚刚平定了方腊，自信十足，以为攻打辽国不过是小菜一碟。没想到出兵后，丢人的事发生了，被金国人追着打的辽国人，居然把宋军杀得丢盔弃甲。最后还是求金国人帮忙打下了现在的大同。但童贯这时候竟然厚颜无耻地请求金军攻克燕京，然后宋朝再出钱买回来。最终在 1123 年，宋朝如愿取回土地。但此时，这些地方已是空城，所有东西都被金军抢走了。最可怕的事

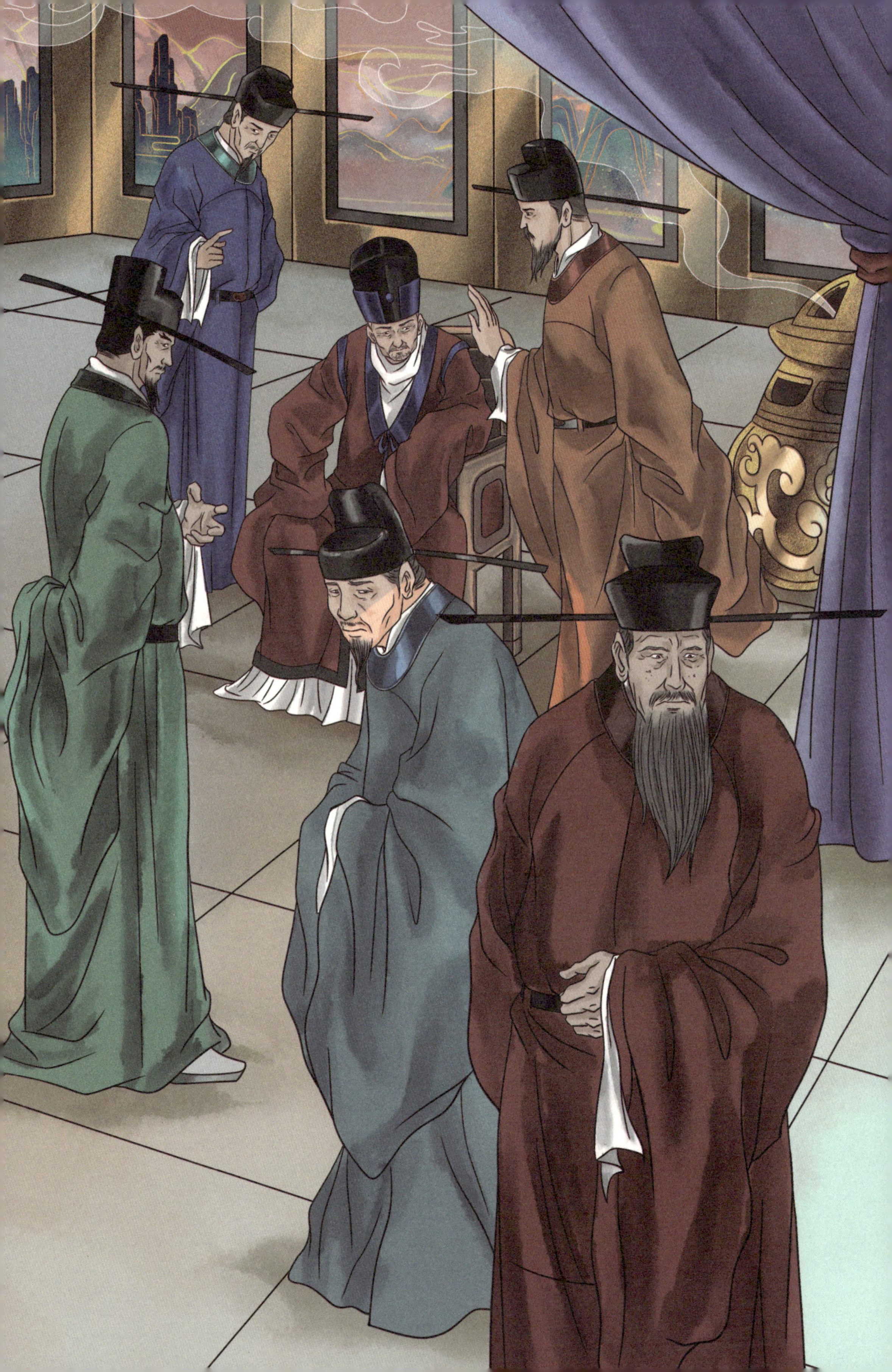

情是，宋军的实力被金国摸透了。

小Q：完了，人家发现你这么弱，肯定会进攻你的。

姜sir：这就是"六贼当政"，这群人还帮助宋徽宗修建非常华丽的宫殿。1102年，在杭州设置造作局，由童贯亲自主持，专门为皇室制造金玉珠宝等奢侈物品，以供皇族玩赏。他们还让各地为皇室和他们自己收集奇花异石输送到京。朱勔只要看见老百姓家中的一石一木稍有奇异之处，就率兵闯入抢走，老百姓都不敢抱怨。

小Q：那当时没有老百姓起义造反吗？

姜sir：这时，北宋末年最大的农民起义——方腊起义就爆发了，短时间之内，发展成了一支声势浩大的起义队伍。在起义之初，宋徽宗根本没拿他们当回事，直到起义军发展成几十万人，连续攻取了江南的52县，占据了江南大部分地盘，宋徽宗才重视起来。后来，童贯率领15万大军平叛。起义军还没有反应过来，就被童贯一一击破。仅3个月时间，叛乱就被平定了。

小Q：说到农民起义，《水浒传》里的宋江呢？

姜sir：许多人受《水浒传》影响，认为梁山起义是一场大规模的农民起义，真实的历史是怎么样的呢？我们下节见。

164 真实的梁山起义

姜 sir： 各位同学，大家好，我就是那个人见人爱、花见花开、车见车爆胎的姜 sir。

小 Q： 大家好，我就是那个负责问问题的小 Q 同学。

姜 sir： 在艺术家皇帝宋徽宗的治理下，在"六贼当政"的情况下，宋朝爆发了农民起义。很多人提到宋朝的农民起义，都会想到宋江，《水浒传》中108位梁山好汉的头领，人称"山东及时雨，孝义黑三郎"。但《水浒传》毕竟是小说。

小 Q： 历史上有宋江这个人吗？

姜 sir： 宋江这个人并不是虚构的，真的有这个人。《水浒传》就是根据宋江起义的真实故事改编而成的。据《史记》记载，山东、安徽一带，宋江聚集流民多次攻打州县，朝廷派兵征讨，多次失败。宋江等人又进犯河北、河南一带，长驱直入苏州。

小 Q：当时真的有一百零八好汉吗？

姜 sir：实际上宋江起义的规模非常小，远不能和历史上有名的黄巢起义、方腊起义相比。宋江手下其实并没有一百单八将那么多英雄好汉，而是只有三十多个能打敢拼的人。

小 Q：那他们为什么要造反啊？

姜 sir：当时宋朝为了解决财政危机，将山东郓城旁的梁山八百里水域规定为国有，老百姓入湖捕鱼、采藕都要依船只大小征收税务。如果有人违反这个规定不缴税，就按强盗处理。但百姓缴不起税，长期积压在心中的不满终于像火山一样爆发了，所以就造反起义了。宋江就是其中的头目。他们并非长期都在水泊梁山，而是经常在河北、山东一带。

小 Q：真有梁山这个地方啊？

姜 sir：梁山泊原是个很小的湖泊，后来黄河多次决口泛滥，使它与四周的许多小湖泊汇成一片，形成了大湖泊，湖中芦苇纵横，还有许多小岛，形势险要复杂。当时许多破产渔民以及一些被政府通缉追捕的逃犯就成群结伙藏在这儿，但后来黄河改道南移，使水泊严重萎缩，梁山泊也就基本消失了。

小 Q：那宋江他们后来的结局是怎样的呢？

姜 sir：《宋史·张叔夜传》有记录，宋江等人攻打邻近州县几十个，当地官军缺乏战斗力，打不过他们。一时之间，宋江等人声名远播，地方官张叔夜得到朝廷命令派兵征讨，命探

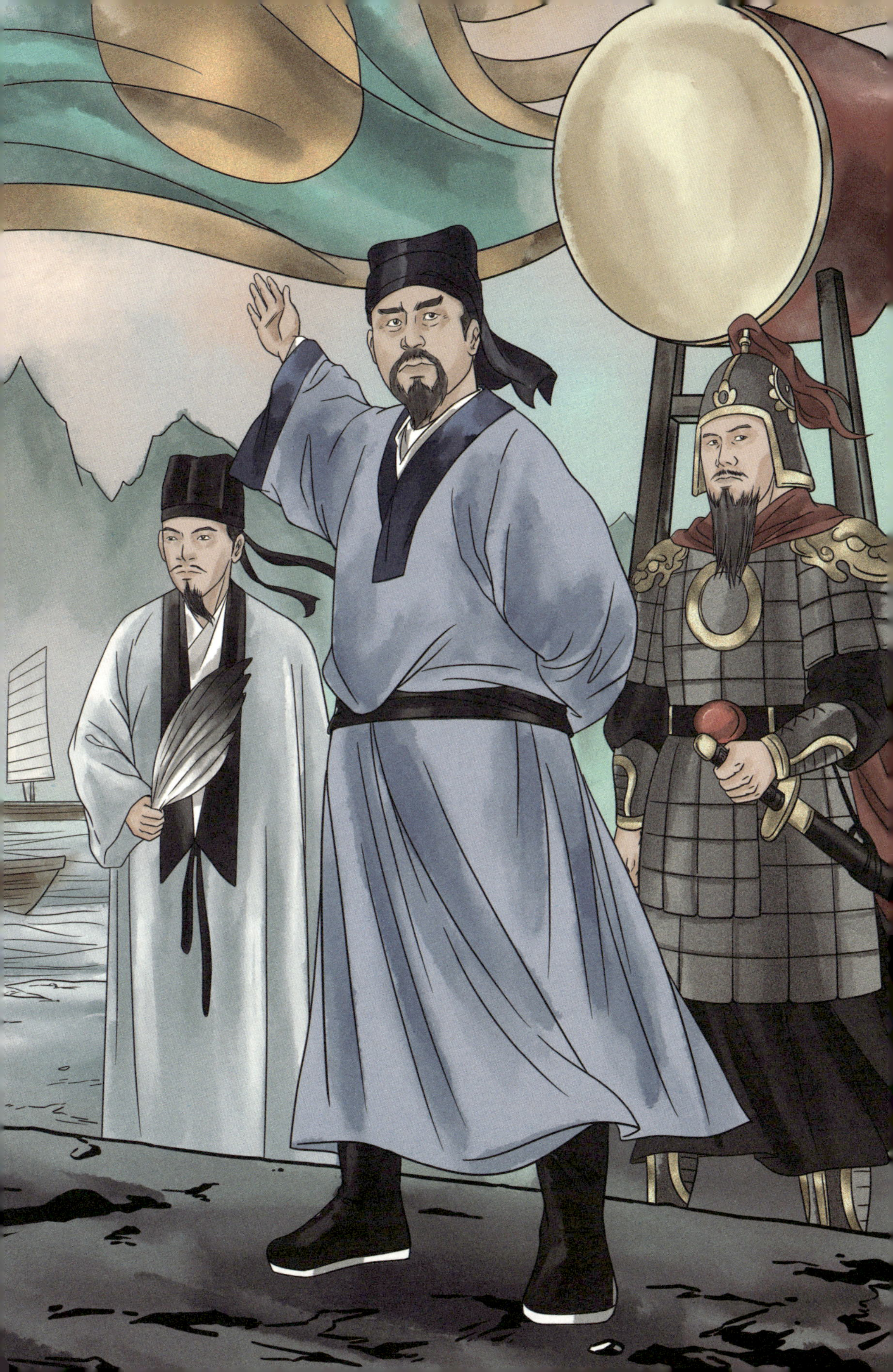

子前往刺探军情，得知宋江等人跑到了海边，也就是现在的连云港一带，抢劫了十多艘大船准备从海上攻打州郡。于是张叔夜在城边设下伏兵，让军队跑到海边诱敌深入。宋江等人中计，被海边的军队烧了战船，截断了退路。众人听说后，很快失去了斗志，张叔夜伏兵尽出，抓住了宋江的副将，于是宋江率众投降。

小Q：投降之后呢？

姜sir：宋江投降后，成为宋朝官军中的一部分。后来宋江部是否去江南出征方腊农民起义军，史学界有争论，至今尚无定论。但后来老百姓将宋江和他手下三十六员猛将反抗朝廷，揭竿而起的故事编成了评书，宋江等人的故事渐渐家喻户晓。南宋时又出版了一本《宣和遗事》，把宋江起义演义化、故事化。到了元朝末期，社会黑暗，老百姓过得也不好，就有了反抗的想法，于是宋江等人的英雄传奇更是广为流传。直到施耐庵写的《水浒传》出现，将宋江起义的故事描述得更加生动感人，使这次本来规模与影响都较小的农民起义产生了极大的影响，因此变得家喻户晓、人人皆知了。《水浒传》也是我国第一部章回体长篇白话小说。

小Q：虽然虚构了很多，但也说明宋朝当时确实爆发了农民起义。

姜sir：方腊、宋江等起义失败后，宋徽宗、蔡京一伙以极大的代价从金国手中买回燕京及其附近的六州。买回来的地方得派人去镇守，因此数十万宋军、各级官员大量北上，从买到派人过去，都得用钱，这些钱基本都让河北、山东的百姓负责了。老百姓能不起义吗？

小Q：除了方腊、宋江，是不是还有其他起义的？

姜sir：有很多，少的几百人、几千人，多的发展到几万人以上。但是宋朝的这些农民起义有不一样的地方，就是起义是和朝廷有矛盾，可一旦有外敌入侵，就不起义了，就团结起来去打敌人，一致对外。所以很多农民起义者，后来都成为抗击金国侵略的重要力量。

小Q：后来金国入侵了吗？宋朝肯定打不赢啊。宋朝就这样结束了？

姜sir：宋当年和金国签了个《海上之盟》。宋徽宗想乘机收复幽云十六州。

小Q：为什么叫《海上之盟》？

姜sir：宋朝和金国陆路不通，谈判要绕道渤海，因此称这个盟约为《海上之盟》。盟约签订后，辽国被灭掉。宋朝却"送走一匹狼，迎来一只虎"。当金国灭掉辽国之后，他们也在攻辽的过程中看到了宋朝军队的懦弱，随即撕毁盟约，南下入侵宋朝。接下来，宋朝能否抵抗住金国的入侵呢？我们下节见。

165 靖康耻，臣子恨

各位同学，大家好，我就是那个人见人爱、花见花开、车见车爆胎的姜 sir。

大家好，我就是那个负责问问题的小 Q 同学。

姜 sir：上节我们说到宋朝"送走一匹狼，迎来一只虎"。金国在攻打辽国的过程中看到了宋朝军队的战斗力如此之弱，随即撕毁盟约，南下入侵宋朝。金军势如破竹，不久就攻到首都城下。最让人想不到的是，当金兵南下的消息传来，宋徽宗将皇位传给儿子宋钦宗，他自己竟领着亲信的文武大臣和亲兵卫队，一路逃到了南京。

小 Q：别说皇帝了，就算是当爸爸也不能这样呀。

姜 sir：幸亏宰相李纲还在，打起了开封保卫战。开封在宋朝之前，已有夏朝、魏国，以及五代时期的后梁、后晋、后汉、后周等王朝将开封作为都城，进行过大规模的建造。开封拥有 12 座城门和 6 座水门，并打造了 3 道城墙、五重防御体系，城防设施齐备完善。可以说，足以与金军打一场防守战。金军第一波攻击是出动数 10 艘大船，进攻开封城的西水门。李纲派 2000 名宋军驻扎在西水门，用长钩和石头打退了金军的进攻。

小 Q：就需要这样的人站出来，要都跑了，国家就完了。

姜 sir：金军进攻西水门失败后，随即掉转进攻方向，用云梯攻城。李纲亲自督战，站在城墙上指挥军队抵抗，打退了敌人一次又一次进攻。李纲一边防守，一边悄悄派遣军队出城袭击金军，烧毁了几十座云梯，斩首十余名金军。就在这段时间，宋朝地方的军队也纷纷赶过来支援。金军害怕陷入宋朝军队的包围之中，和宋钦宗谈了条件。宋钦宗便同意了金人割地、赔款等条件。不管怎么样，敌人算撤退了。

小 Q：国家算保住了。

姜 sir：这个时候最尴尬的是宋徽宗，本来以为开封保不住了，自己在南京可以继续称帝。但没想到儿子打赢了，敌人退了，而这个时候儿子又请自己回去。

小 Q：宋钦宗为啥请他回去？是为了孝顺自己的爸爸吗？

姜 sir：因为当时宋朝全国的军队并不完全听宋钦宗的，只有把爸爸迎回来，才能够指挥宋朝的军队。为了防止儿子

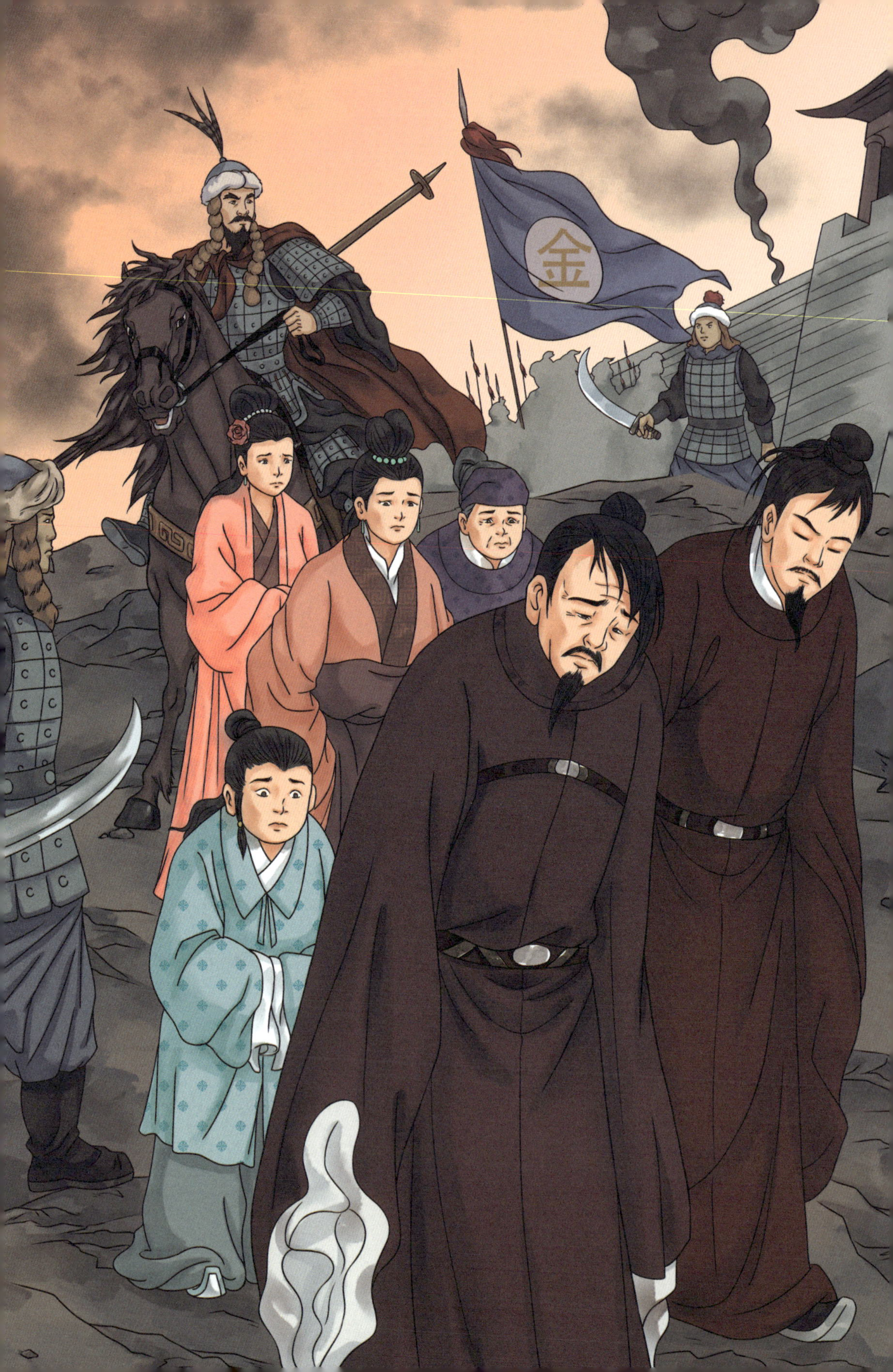
金

怀疑他回来要抢皇位，宋徽宗回来的时候，身穿道袍，一副道士的模样，但宋钦宗没有彻底地原谅他，甚至宋徽宗给自己倒酒，他都拒绝喝。史书记载，宋徽宗进了皇宫后大哭。

小Q：唉，早知今日，何必当初呢？

姜sir：宋朝安逸的日子没过多久，1126年9月，金军第二次发起南侵，很快就攻到开封城下。

小Q：李纲是不是要打第二次开封保卫战了？

姜sir：第一次打赢后，因为开封城军民都支持李纲，宋钦宗就找个借口革除了李纲的职务，将他赶出了京城。后来又继续贬官，贬到了很远的地方。

小Q：还有这操作？幼儿园小朋友也不会这么做啊。

姜sir：宋钦宗在敌人围城的时候想到了李纲，让他火速回京。可这有什么用呢？那个年代的交通水平落后得很，当李纲收到宋钦宗的命令时，已是1127年春天，开封已被金军攻陷，宋徽宗、宋钦宗都当了俘虏。这就是"靖康之耻"。

小Q：俩皇帝都给抓走了？宋朝也太丢人了！

姜sir：靖康之耻是历史大事件。它对宋朝的文化、历史、经济等方面都造成了深远影响。岳飞的《满江红》："靖康耻，犹未雪。臣子恨，何时灭。"反映了靖康之耻背后的耻辱之深。当时宋朝两个皇帝被俘虏北上的时候，实行了"牵羊礼"。这个礼节是专门为俘虏设立的。将俘虏的上衣脱去，披上羊皮，脖子上系上绳子，像羊一样被人牵着走。

小Q：就算是普通人，也太丢人了，何况是皇帝呢？

姜sir：金国在开封待了一个月之后开始撤退。金国撤退之前，立张邦昌为帝，国号"大楚"，就是建立一个听话的政权。随后金军撤退。根据金人记载，北宋俘虏中包括皇帝的妻子等三千余人，贵族近万人，各种工匠与教坊各三千余人。金兵更是对皇宫展开了大洗劫，包括祭天礼器、各种图书典籍、乐器以及一百多年积累的奇珍异宝，全部被拿走。有一些金兵看不上眼的字画，直接给烧了。

小Q：那宋朝结束了吗？

姜sir：宋朝接下来会发生什么？为什么分为南宋和北宋？我们下节见。